しっかり学べる

いい学級の条件

クラスの常識

小野領一 著

明治図書

はじめに

「いい学級」や「いい教師」というものは、果たして本当に存在するのでしょうか。今もこの問いに明確な答えを見つけられずにいます。もしかすると、そんな理想は存在しないのかもしれません。

9月のはじめ、ちょうどこの単行本を脱稿しようとしていた日のことです。庭で遊んでいた息子が突然嬉しそうに叫びました。

「パパ！　あさがおが咲いてるよ！」

私は耳を疑いました。確かに6月の終わりに、家族で花壇にあさがおの種をまきました。しかし、この夏は異常な暑さが続き、芽は出たものの、花は一度も咲きませんでした。息子は毎日心を込めて水をあげ、花が咲くのを心待ちにしていましたが、その願いは結局叶うことはありませんでした。そして、7月が過ぎ、8月も終わり、昼間は依然として残暑が厳しい日々が続いていましたが、いつの間にかセミの声は消え、朝夕にはかすかに秋の気配が漂い、涼しい風が吹くようになっていました。この頃には、誰も水をあげることもなくなり、雑草が生い茂り、花壇はすっかり子どもがいなくなった団地の一角にある公園のように寂しげでした。あさがおのことなんてみんなが忘れかけていました。そんなとき、花壇の端っこに、ひっそりと、申し訳なさそうに一輪のあさがおが咲いていたのです。それは、まるで夏の最後の贈り物のようで、息子の願いがわずかに叶ったかのようでした。

　この出来事を通して、私は教育も同じだと感じました。どれほど厳しい環境でも、子どもたちはふとした瞬間に、誰も予想しない形で花を咲かせることがあります。誰もが「もうダメだ」と諦めかけた状況の中でも、子どもたちは静かに、自分の力で成長を遂げることがあるのです。一方で、いくら手をかけて育てても、思うように花が咲かないこともあります。整った条件でも、悪条件でも、何がその子にとってプラスになるか、どんな出来事が彼らの成長を促すのかは、誰にもわかりません。

　私たちが「これが正しい」と信じて与えたものが、必ずしも成果を生むとは限らず、時にはマイナスに作用することさえあります。予期しなかった状況の中で、子どもたちは自ら芽を出し、私たちに気づかせるかのように花を咲かせることがあるのです。

　だからこそ、「これがいい教育だ」「これがいい教師だ」と決めつけること自体、もしかしたら教師の傲慢なのかもしれません。「いい教育」や「いい教師」は、子どもたちが感じるものであって、教師の意識だけがそれを左右するものではないはずだからです。もっと言えば、子どもに「教える」といった上意下達のマインド自体がそもそも間違っているのかもしれません。

では、なぜ一見矛盾するかのような本書を上梓したのか。その理由は、私が初任の頃に経験した学級崩壊寸前の苦い体験にあります。あのときの悔しさは大きく、自分を深く反省するきっかけとなり、それが私の学びの原点となりました。それ以来、「いい学級とは何か」「いい授業とは何か」「いい教師とはどのような存在か」という問いを抱えながら、実践を重ねてきたのです。その答えを探し求めるために、私は様々な教師の教室を積極的に見学してきました。

興味深いことに、「いい学級」と評される教室に入ると、どの学級にも共通して温かさと安心感が漂っていることに気づきました。教師の教育観や授業スタイルが異なっていても、その共通点はほとんど変わらなかったのです。教室全体に穏やかな雰囲気が広がり、何よりも子どもたちが本当に生き生きとしていたのです。私は、こんな学級をつくりたいと強く思うようになりました。多くの子どもたちにとって毎日が楽しく、心も体も大きく成長できる場を提供したいと強く考えるようになりました。

そこから、「なぜ教師の指導スタイルが違うのに、学級の雰囲気がこんなにも似ているのか」「どうすれば、こんな居心地のよい学級をつくれるのか」という疑問を解き明かしたいと考え、2017年に奈良教育大学教職大学院に進学しました。「いい学級」とは何か、そしてそれをつくるために必要な指導技術とは何なのか。その答えを探るため、2年間で約80近くの教室を訪問し、研究に取り組みました。

本書では、私の経験や研究から得た知見、訪問先での具体的なエピソードを交えながら、「いい学級」とは何かを、教室や子どもたち、教師の様子から解説しています。

本書が読者のみなさんにとって何らかの助けとなれば、それは私にとって望外の喜びです。そして、子どもたちの成長と幸せを願いながら、共に「教育」という果てなき問いに思いを巡らせるきっかけとなれば、これ以上の幸せはありません。

著者　小野　領一

もくじ

第2章　いい学級にあらわれる子どもの姿

第3章 いい学級をつくる教師の姿

第1章　いい学級にあらわれる教室の姿

条件

01

いい学級の教室は…

和やかさと規律が調和している

これまでに多くの教室を参観してきましたが、学級の雰囲気は「いい学級」「ゆるゆる学級」「きちきち学級」「機能不全学級」の4つに分けられることがわかりました（図1）。さらに、この分類は、教師の考え方や教育活動の方法に関係なく見られました。このことは、心理的安全性の研究で有名なエイミー・C・エドモンドソン氏が提唱した組織論ともマッチしています。彼女は、組織の雰囲気はリーダーの考え方だけで決まるのではなく、組織全体の関係や働き方にも影響されると述べています。学級も同じで、教師の考え方や教え方だけでなく、学級全体の雰囲気や子ども同士の関係が学級の雰囲気を決めているのです。これを「心理的安全性」と捉えます。

それでは、「心理的安全性」の高低と学級内の規律や秩序の有無に基づいて学級を4つのパターンに分類

		学級内の規律や秩序	
		ない	ある
心理的安全性	高い	ゆるゆる学級	いい学級
	低い	機能不全学級 （冬眠型・解放型）	きちきち学級

図1　学級の雰囲気の4象限
エイミー・C・エドモンドソン著・野津智子訳（2014）
『チームが機能するとはどういうことか―「学習力」と「実行力」を高める実践アプローチ』（英治出版）をもとに筆者作成

します。そして、「いい学級」とは一体どんな雰囲気の学級なのかを見ていこうと思います。

まず、「ゆるゆる学級」についてです。このタイプの学級は、雰囲気はいいですがメリハリがありません。つまり、「ゆるい」雰囲気の学級なのです。一見すると、和やかな雰囲気で子どもたち同士の仲が良さそうに見えますが、授業が始まってもなんとなくざわざわしており、私語も目立ちます。全体として浮ついた雰囲気が感じられ、集中力に欠けています。授業以外でも、よくよく子どもたちを観察すると、和やかな雰囲気を壊さないために、周りに気をつかう「事なかれ主義」がはびこっているのです。このような学級では、表面的には和やかであるものの、学びに対する真剣さや集中力が不足していることは明らかです。結果として、子どもたちの学習の意欲が低下し、成長意欲があまり見られないのです。

次に、「きちきち学級」です。このタイプの学級は、ビシッと統率が取れており、学級で定められたルールもきちんと守る子どもが多いように見受けられます。学級の雰囲気はピリッとしており、子どもたちの中に緊張感が漂っています。うまく言葉にできないのですが、固さや角があるように感じられるのです。授業中も静かで整然としており、黙々と学習を進めているように見えます。現在も多くの学校で「いい学級」と評されるであろう雰囲気の学級だと言えばイメージが湧きやすいかもしれません。しかし、こういった学級では多くの子どもたちが教師の顔色を窺いながら生活しています。行動基準が「自分」ではなく「教師」なのです。結果として、雰囲気はまるで違うのに「ゆるゆる学級」と同じように子どもたちの学習意欲が低下し、成長意欲もあまり見られないのです。このような環境下では、子どもたちは教師にどう評価されるかを軸にして行動するようになるので、子どもたちの主体性や創造性が育ちにくくなります。

3つ目が「機能不全学級」です。いわゆる「崩壊学級」です。「機能不全学級」とは、学級内での規律や秩序が失われ、教師が正常に授業を行えない状態を指します。また、子どもたち同士のトラブルも増えます。何度か「機能不全学級」を参観しましたが、本当に何とも言えない居心地の悪さがあり、心臓がきゅっとなる感覚がありました。

この「機能不全学級」には、「解放型」と「冬眠型」の2つのタイプがあります。多くの先生方がイメージするのはおそらく「解放型」でしょう。これは、無秩序で騒乱状態にある学級のことを指します。教室内は常にざわついており、子どもたちは教師の指示を無視し、教室内では離席が非常に目立ちます。

もう一つのパターンが「冬眠型」です。これは、子どもたちが静かに座ってはいるものの、覇気がなく、無気力で無関心になってしまっている状態を指します。このような学級では、授業中に塾の宿題をしたり、タブレットで全く関係のないページを見たり、友だち同士でこっそりと手紙のやり取りをしたり、授業中に寝てしまったりする子どももいます。一見すると秩序が保たれているように見えるので、「機能不全学級」と気づかれないこともあります。しかし、実際には学びの意欲が欠如しており、成長意欲もまるでありません。このタイプの学級では、子どもたちは教師の指示を無視し、静かに好き勝手に振る舞っています。表立って問題行動を起こさないため、表面的には問題が見えにくいのです。両タイプの学級とも教室内では秩序と規律がないので、スクールカーストがはっきりとあらわれ、立場的に弱い子がいじめの標的になっていることがほとんどです。様々な要因が重なり、これらのいずれかのパターンで「機能不全学級」があらわれます。どちらのタイプにおいても、早期の対応が求められます。「機能不全学級」になってしまうと、担任を替えるなどしないと、学級を元の状態に戻すことはほぼ不可能だからです。

最後は「いい学級」です。「いい学級」は和やかな雰囲気でありながらも、しっかりとしたメリハリがありました。元気いっぱいで少し騒がしいくらいなのですが、驚くほど規律と秩序が保たれていました。また、学級内には同調圧力がほとんどなく、みんなが自分の意見を自由に言える環境が整っていました。子どもたち同士がゆるやかにつながり合っており、困ったときには自然と助け合う姿が見られます。お互いの違いを認め合う寛容さもありました。例えば、算数が苦手な子どもに、算数が得意な子どもが教えてあげる光景は多くの学級で見られるでしょう。「いい学級」では、そこに「誰かからの評価」を求める様子はなく、子どもたちの中での上下関係もほとんど感じられなかったのです。さらに、別の場面で教えられていた子どもが教える立場に変わるといった逆転現象が日常的に見られることも印象的でした。同調圧力をあまり感じなかった場面がまだあります。全員で何かをすることが強制されることがなかったのです。参加しないといった意思が尊重されていたのです。それでも、誰も仲間外れになることはありませんでした。全員が自分の意思が尊重され、それぞれのペースで様々なイベントに参加し、互いに支え合う教室文化が醸成されていたのです。

日本各地で私が目にした「いい学級」の雰囲気は例外なくゆるやかで和やかで、規律と秩序がありました。それは、異なる道具を使い、異なる道を歩んで山を登っても、頂きは同じだと感じさせられるものでした。

条件

02

いい学級の教室は…

きれい

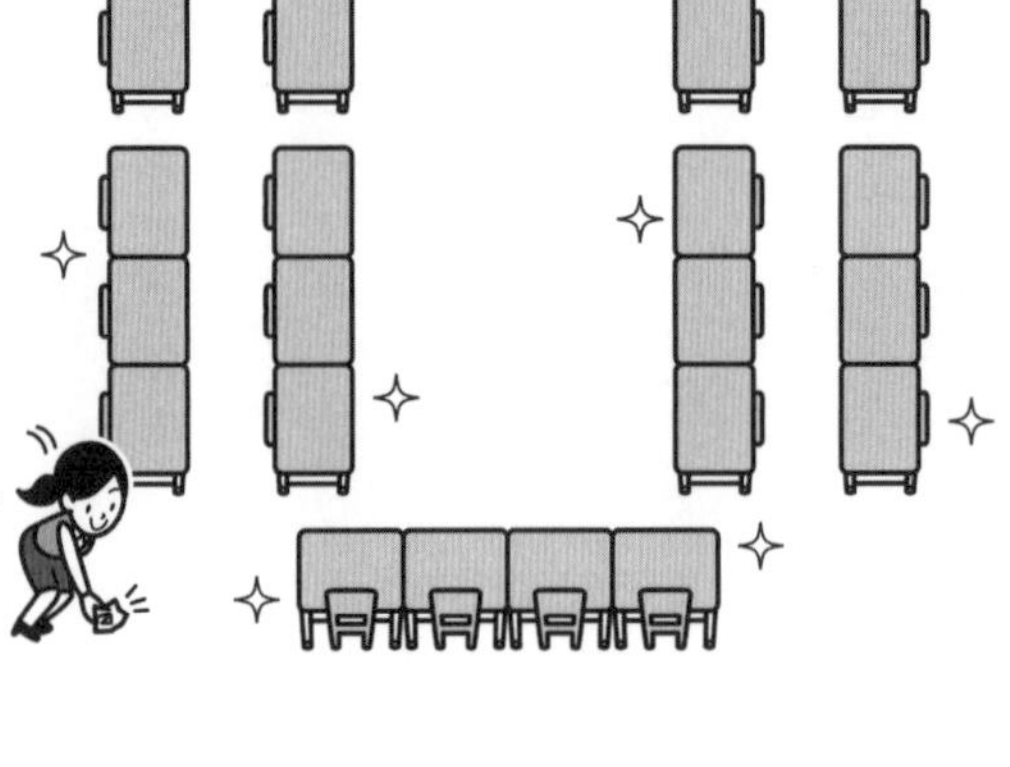

「いい学級」では、教室がとてもきれいでした。しかし、この一文だけを読むと多くの先生方はチリ一つないような整然とした教室をイメージされることでしょう。決してそんなことはありませんでした。ある程度の生活感はありました。つまり、教室内に物が乱雑に散らかっていない。そして、必要な教材や道具が適切な場所に整然と収められていたのです。このような環境が、子どもたちにとって学びや活動に集中しやすい空間をつくり出しているのでしょう。

では、一体どういった指導を子どもたちに行っていたのでしょうか？　それは大きく3つに分けることができました。

①　教師が気づいたらゴミを拾っていた。
②　教室をなぜきれいにしなければいけないのか、その根本的な理由を伝える。
③　移動教室や下校の際、子どもたちに机と椅子をきれいな状態にリセットさせる。

この中で①と②について詳しく見ていきます。

授業中、教室に紙くずが落ちていました。あなただったらどうされますか？

「いい学級」をつくっていると評されている教師の多くは、その紙くずをさっと拾ってゴミ箱に捨てていました。でも、子どもたちに意図的に「ゴミを拾う教師の姿」を見せて何らかのメッセージを伝えようとするそぶりはありませんでした。しかし、「ゴミを拾う教師の姿」から子どもたちは何かしらのメッセージを受け取っているようで、ゴミが落ちていれば誰か気づいた人が拾えばいいんだといった教室文化がそれぞれの学級に醸成されていました。

さらに、「いい学級」をつくっていると評されている教師へのインタビューや教室参観をした際、それぞれに共通した指導がなされていました。それは、教室をなぜきれいにしなければいけないのか、その根本的な理由を子どもたちに伝えていたということです。「割れ窓理論」からアプローチする教師、「子どもたちの心」を鍛えることを軸にアプローチする教師など、もちろん、その内容、伝え方については様々でした。そして、伝えるだけではなく、何度も何度も粘り強く伝え続けていくことが大切だとも言っていました。では、ここで一つ、具体的な指導の場面を紹介します。私がある県で50代のベテラン男性教師の教室を参観したときのことです。

ある授業中のこと。教室に紙くずが落ちていました。周りの子どもは誰もその紙くずを拾おうとはしません。教師はしばらくその様子を見ていました。その紙くずは、どうやら、誰かが休み時間に工作をして紙を切った際に出てきたゴミのようです。とある子どもは近くにいるのに気づかずにその紙くずを踏んづけてしまっていました。またある子どもは紙くずを見つけるとさっとまたぎました。自分の足元を見て、ゴミを避けるようにしている様子が印象的でした。それら一連の様子をじっと見ていた教師が

「何か違和感を感じた人？」

と学級の子どもたちに尋ねます。もちろん、多くの子どもたちが何のことかさっぱり見当もついていないようでした。その中である男の子が、

「奥田君の机の下にゴミが落ちていました」

「では、気がついているのになぜあなたは拾わないのですか？」

「だって…僕のゴミじゃないし……」

「あなたのゴミじゃなかったら拾わなくてもいいのですか？」

「……」

「でも、村上君はすごい。だって、違和感に気づけていたから。そもそも、他の子たち

はそれすら気づけていない。まずは、『気づける力』を鍛える。そして、さらに行動できるかどうかが大切だよ。行動できないとダメ。これって掃除だけの話ではないからね。日常生活、学習、すべてにおいて大切なことだよ」

このように、決してトップダウン的に教師があぁしろ、こうしろと指導しているわけではありません。子どもたちの心が変容するような、まるで子どもたちの心に種をまくかのような指導を粘り強く積み重ねていたのです。

こうして、教師だけが教室をきれいにするのではなく、子どもたちも「自分事」として教室をきれいにしようと心が変容していきます。その結果、教室は子どもたちの生活感を保ちつつも、自然と整然とした雰囲気へと変わっていくのです。

そして、最後に一つ。もしかすると、先生方の中に「教室をきれいにすること」と「学級づくり」なんて関係ないのではないかと考えている方もおられるかもしれません。でも、たくさんの教室を参観した経験から、いい学級だと評されている教室の中にも、整理整頓が行き届いていない教室はあった。一方、機能不全を起こした学級、いわゆる崩壊学級にきれいな教室はほとんどなかった。

ここから、「教室をきれいにすること」と「学級づくり」は決して無関係だとは言えないのではないかと感じています。つまり、整理整頓が行き届いている教室は、いい学級である傾向が高いということがわかるのです。でも、この関係は絶対的ではないということには留意しなければなりません。

条件

03

いい学級の教室は…

教師の「色」が息づいている

先生方はどんなことを大切にして教育活動をされていますか？

「いい学級」には教師の「色」が見られました。

ある教師は絵本が大好きでした。その教師の教室には、これまでに読んだ絵本の表紙がカラーコピーされたものが時系列で飾られていました。この掲示物は、子どもたちがどれだけ多くの話をみんなと共有したかを一目で見ることができます。教師は、絵本を使って教育することで、読書への興味を引き出し、教室に読書文化を育てているようでした。また、子どもたちに絵本を通じて、教師が大切にしている価値観を間接的に伝えているようでした。

また、別の教師は、子どもたちの好奇心を重視し、その好奇心が学びにつながると考えて教育活動を行っていました。私が参観した最も印象的な授業は「数学者の時間」でした。これは年間を通じた探究型の算数ワークショップで、子どもたちが自分で課題を設定し、解決策を見つける方法を学ぶものです。この教室を訪れたのは11月で、学年は3年生でした。その授業では、子どもたちが「自分だけの数字」を創作していました。彼らはまるで本物の数学者のように、自分の課題に熱中して取り組んでいました。教室の雰囲気は一般的な教室とは大きく異なっていました。教師の机は教室の後ろに控えめにちょこんと配置され、教室の中央に、いくつかの木製のベンチが円形に設置されていました。それぞれのベンチに子どもたちが自然と集まり、話し合いや交流を深める場となっていました。壁面には、子どもたちが模造紙に話し合いの内容をまとめたもの、子どもたちの各教科の学習のレポートなどがたくさん掲示されていました。このような環境の中で、子どもたちは「数学者の時間」を自分の好きな場所で、好きな友達と一緒に本当に楽しそうに学びを進めていました。

最後に紹介する教師は、子どもたちの写真や動画を活用して学級をつくり上げていました。この教師は、授業中に子どもたちが協力して問題を解決する様子や、普段の元気な姿を写真に収め、それを動画にまとめていました。そして、その動画を毎月一度、子どもたちに見せていました。私が学級を訪れたとき、ちょうど動画が上映されていました。画面に自分たちの姿が映ると、子どもたちの表情が恥ずかしそうでありながらも嬉しそうで、とても印象的でした。教室には、子どもたちとの思い出が詰まった写真がたくさん飾られていました。休み時間にはそれらの写真を見ながら、子どもたちが楽しく思い出話に花を咲かせている姿も目にしました。このようにして、この教師は写真と動画を通じて、子どもたちの学びと成長の記録、そして子どもたちの思い出を残し、それを共有することで学級全体の絆を深めているようでした。

このように、「いい学級」と評される学級をつくっている教師の多くは、自身の長所や教育観を活かした教育を行っています。教室に入った瞬間に感じる教師の「色」がそれです。教師が自分らしさを発揮することで、パフォーマンスが格段に向上し、それが直接、学級の雰囲気や子どもたちの学びに良い影響を与えているのでしょう。さらに、教師が自分の強みを活かすことによって、授業もより自信を持って進めることができるはずです。

子どもたちに「個別最適化」を推進する一方で、教師に対してはしばしば「横並び」を求めることが多い現実があります。もちろん、教師がなんでもかんでも好き勝手にしていいというわけではありません。学校として子どもたちに守らせるべき最低限のルールは存在しますし、公立校では、子どもたちを知的、身体的、そして社会的に一定のレベルまで成長させることが求められるからです。しかしながら、教師の個性がもっと活かされるべきだと考えます。教師がそれぞれ異なる背景、経験、教育スタイルを持つことにより、子どもたちは多様な視点や思考方法を学ぶ機会を得ることができます。また、教師の多様性は、教師と子どもたちとの相性による様々なリスクを回避するのにも役立ちます。このように、教師の個性が尊重されることで、より豊かで効果的な教育環境が生まれるのです。

条件
04

いい学級の教室は…

子どもたちの「色」が鮮やかに重なり合っている

教室には学級目標、給食の献立表、習字の作品など、様々な掲示物があります。もしかすると、その教室だけのユニークな掲示物があるかもしれません。「いい学級」はそれに加えて子どもたちの手によって作られた掲示物が教室を彩っていることが多く見られます。

ある学級では、「かざり係」が季節に合わせて教室を彩っていました。春には色とりどりの折り紙で桜の花を作り、教室を華やかに装飾していました。夏にはスイカやかき氷などの折り紙で涼しげな雰囲気を演出していました。秋になると、紅葉やハロウィンの飾りで教室が賑やかになり、冬にはサンタクロースや雪だるまの折り紙を作り、教室を暖かい雰囲気で包んでいました。さらに、教室の後ろの黒板には「リクエストコーナー」が設けられ、子どもたちの希望に応じて折り紙をプレゼントしていました。

また別の学級では、教室に係活動のコーナーが設けられていました。係活動のコーナーには係ごとにクリアホルダーが準備されており、子どもたちが作ったポスターなどの制作物を自由に入れることができます。この学級には、色々な面白い係活動がありました。その中で特に印象的だった係活動が「キラリ係」と「YouTuber 係」でした。「キラリ係」の子どもたちは、キラッと光るステキな言動を取った友達の写真を撮って、それを教室の係活動のコーナーに掲示していました。この係活動は子どもたちにとても好評でした。

「YouTuber係」の子どもたちは面白い動画やダンス動画を撮影し、その動画をＱＲコードに変換して紙に印刷し、係活動のコーナーに掲示していました。学級の友だちはタブレットでＱＲコードをスキャンし、動画を見て、楽しんでいました。この学級の先生は、ちょっとした空き時間を使って、係活動で子どもたちが作ったものを紹介していました。紹介された子どもたちは本当に嬉しそうでした。

通常であれば教師が準備する掲示物を、子どもたちが作成している学級もありました。例えばロッカーの名前シール、学級のルール、掃除道具の使い方などの掲示物が子どもたちの手で作られていました。しかし、単に掲示物を作らせていたわけではありません。４月当初、子どもたちが対話を重ねながら、どんな教室にしていくかをゼロベースから考えるプロセスがあったのです。このプロセスを通じて、子どもたちは自分たちの意見やアイデアを自由に表現できるようになります。この学級の教師は、子どもたちが自分たちの学級を主体的に管理し、オーナーシップを持つことの重要性を理解してほしいと願っていました。教師がすべてを準備するのではなく、子どもたちが自分たちの手で教室をつくることで、子どもたちの主体性を育むことができると考えていたのです。そのため、年によって掲示物の雰囲気は異なり、ある年に見かける掲示物が、他の年には見かけないことがあるそうです。このプロセスがあるからこそ、子どもたちは自分たちの学級に対してより深い愛着と責任を持つようになり、教師はそのサポート役として、子どもたちが主体的に活動できる環境を整えているとのことでした。

「いい学級」には「教師の色」だけでなく「子どもたちの色」も感じられるものなのです。では、どうすれば学級に「子どもたちの色」が出てくるのでしょうか。そのためには、「ソフト」と「ハード」の両方を意識することが大切なのです。

「ソフト」とは、人材、技術、意識、情報などの無形の要素を指します。具体的には、教師と子どものマインドセット、教師と子どもの関係性やコミュニケーションの質、子どもの主体性や協力意識、教師の指導力や教育技術など様々です。これら「ソフト」の要素は、学級の雰囲気や文化を形成し、子ども一人ひとりの成長や学習に大きな影響を与えます。一方、「ハード」とは、施設、設備、機器、道具などの物理的な要素を指します。教室の環境、学習に使用する教材や機器、教具、学級の掲示物や装飾などが該当します。これらの「ハード」の要素は、学習のしやすさや快適さ、安全性などに直結し、学級全体の活動を支えます。「ソフト」と「ハード」の両方をバランスよく整えることで、子どもたちが主体的に活動するようになります。つまり、自由に意見を交換できる風通しのよい学級文化や子どもたちの主体性が発揮できる文化（ソフト）と、それを支えるための快適な教室環境（ハード）がそろえば、子どもたちは大きく変わるのです。もう少し詳しく見ていきます。

まず、「ソフト」として教師と子どもたちのマインドセットを変えることが大切です。現在、学校では上意下達のトップダウン的な教育が一般的で、子どもは教師や大人に指示され、教えられる存在とされています。しかし、これからは子どもの声を吸い上げるボトムアップ的な教育が必要です。教師がなんでも丁寧にレールを敷くのではなく、子どもたちが自分でレールを敷く機会を多く設けるべきです。教師がレールを敷くからこそ、子どもたちは受け身になってしまうのです。この「受け身マインド」を子どもたちから取り除く必要があります。そのために、教師は教室のオーナーシップが子どもたち自身にあることを根気よく伝え続けます。それと同時に、教室のオーナーシップとしてどんなことができるのか具体例を示します。すると、子どもたちから思いがけない提案が出てくることがあります。その提案を取り入れ、全体に共有することで子どもたちは主体的に教室のオーナーシップを持ち、行動するようになります。

次に「ハード」についてです。「ハード」については、向山洋一氏の『授業の腕をあげる法則』(明治図書)にわかりやすくまとめられています。それによると、子どもが活動するためには場所、時間、物を用意することが大切だとされています。具体的には、以下のような工夫が大切です。朝の会や帰りの会、給食や休憩の時間、特別活動の時間を活用します。次に、子どもたちが自由に使えるスペースを用意することも大切です。教室内に自由に使える掲示板やスペースを設置することで、子どもたちは自分たちの作品を掲示したりするようになります。また、画用紙、のり、テープ、マジック、色鉛筆などの道具を特定の場所に常備し、いつでも使えるようにすることも重要です。これらの道具は、子どもたちが自由に使えることで、様々な創作活動に役立ちます。

このように「ソフト」と「ハード」の両軸を意識して学級づくりをすることで、子どもたちは教室内で生き生きと活動し、その年だけの唯一無二の子どもたちの「色」が教室を彩るようになるのです。

第2章　いい学級にあらわれる子どもの姿

条件

05

いい学級の子どもは…

幼く見える

「いい学級」では、子どもたちが幼くなったように見えます。これはポジティブな現象で、TOSSの向山洋一氏も「いい学級」ほど、子どもたちが幼くなると言っています。

それでは一体なぜ子どもたちが幼くなるのでしょうか？

まず、お互いを尊重する教室文化が育つため、子どもたちは他人の意見や感情を大切にし、傷つけるような言動を避けるようになります。これにより、いじめや仲間外れが起こりにくくなり、安心して毎日を過ごすことができるようになります。また、子どもたちは自由に意見や感情を表現できるため、不満やトラブルが早期に解決されやすくなります。例えば、意見の対立があった場合でも、すぐに話し合いで解決することができます。これにより、対立やトラブルが深刻化する前に解消され、学級の雰囲気が悪化しにくくなります。さらに、心理的に安全な環境では、子どもたちは失敗を恐れずに新しいことにチャレンジする意欲が高まります。こういった環境では、子どもたちはお互いに助け合い、協力し合うことが自然に行われるようになります。困ったときには気軽に助けを求め、助けを求められた子どもも積極的に手を差し伸べます。

このように、心理的安全性が高い学級では、子どもたちは安心して自分を表現できるだけでなく、お互いを尊重するようになります。その結果、学級全体が穏やかで協力的な雰囲気になり、子どもたちが子どもらしく毎日を過ごせるようになります。彼らは素直に感情を表現し、好奇心旺盛で、誰の目も気にすることなく自由に行動するようになります。だから、「いい学級」では、子どもたちが幼くなったように見えるのです。この「幼さ」は、子どもたちが生き生きと毎日楽しく過ごしている証拠であり、とてもポジティブな現象なのです。

一方で、学級の状態が不安定になると、いくつかの問題が発生します。まず挙げられるのが「マイナスの同調圧力」です。これは、学級内でネガティブな言動を取る子どもたちが多数派となり、それに従わない子どもたちが批判されたり、疎外されたりする現象です。例えば、ルールをきちんと守ることが「ダサい」と見なされ、周囲の子どもたちからマイナスの評価を受けることになります。このような環境では、ルールを守ろうとする子どもたちは仲間外れにされてしまうリスクが高まります。「マイナスの同調圧力」は、子どもたちの行動や態度にも悪影響を及ぼします。ルールを守ろうとする子どもたちは、自分への批判を避けるためにマイナスの言動を取らざるを得なくなります。例えば、本来は真面目に取り組むことが好きな子どもが、学級の「マイナスの同調圧力」に屈して、ルールを無視したり、ネガティブな言動を取ったりするようになります。これにより、学習意欲が低下し、自己表現が抑えられてしまいます。

また、こうした状況では、学級全体の雰囲気も悪化します。対立やトラブルが増え、協力や助け合おうとする雰囲気がどんどん失われていきます。子どもたちは安心して意見を述べることができなくなり、新しいことにチャレンジしようとする意欲がなくなっていきます。

さらに、グループ内での対立や不和も生じやすくなります。学級の状態が不安定になってくると、子どもたちは自然と小さなグループをつくり、安定と安全を求めようとします。このような状況では、グループ内での結束が強まり、排他的な態度が生まれやすくなります。その結果、グループ間で他の子どもたちを仲間外れにするようになります。小さなグループが排他的になることで、異なる意見や価値観を持つ子どもたちが対立しやすくなります。これにより、学級内の人間関係がこじれてしまい、トラブルが頻発するようになります。

そんな状況下では、子どもたちは子どもらしく毎日を楽しく過ごすことなんてできません。

これが「いい学級」では子どもが幼く見える理由だと私は考えています。

条件

06

いい学級の子どもは…

ゆるやかに
つながり合っている

「いい学級」では、子どもたちは学級内でたくさんの人と関わっています。わかりやすく言うと、特定の仲のいい友だちとだけでなく、それ以外の友だちとも自然に関わっている様子が見られます。つまり、子どもたちの人間関係が流動的なのです。

一方、「機能不全学級」では、自分の安心・安全を確保するためにグループ化が進み、子どもたちの人間関係が固定化されてしまいます。人間関係が固定化されることで、様々な問題が起こります。まず、同じグループにばかりいると、他の友だちと話す機会が減り、多様な意見や価値観に触れるチャンスが少なくなります。多様な意見や価値観に触れることが子どもたちにとってどれだけプラスになるかは言うまでもありません。さらに、特定のグループに入れない子どもは孤立しやすくなり、いじめや仲間外れのリスクが高まります。グループ間の対立も起こるでしょう。子どもたちは人生経験が少なく、視野も狭いので、今自分が置かれている環境がこの世のすべてだと感じてしまう可能性が高いのです。そのため、人間関係が固定化されると逃げ場がなくなり、息苦しさを感じてしまいます。そのグループ内の人間関係につまずくと、どうしようもない状況に追い込まれてしまうのです。

しかし、人間関係が流動的であれば、そのような息苦しさは軽減されます。また、様々な友だちと関わることで、自分の新しい一面を発見し、得意なことを見つけるきっかけになることでしょう。そうして少しずつ「自分らしさ」について理解することにつながると、私は考えています。だからこそ、学級の子どもたちの人間関係が流動的になるようにしなければならないのです。では、どうすれば子どもたちの人間関係が流動的になるのでしょうか。

まず、授業中の子どもたち同士の対話量が多いことが挙げられます。一斉指導を軸に授業を進めていた教師も、ペアトークやグループトークなどの対話の機会を授業の中で多く設けていました。これにより、子どもたちは自分と気の合う友だちとだけでなく、それ以外の多くの友だちと意見を交わすことができます。子どもたち同士で学び合う授業スタイルを軸にしている多くの教師も、いきなり自由度の高い学習をさせるのではなく、くじ引きなどでグルーピングを行うなどし、意図的に多くの友だちと関わるようにしていました。そして徐々に自由度を上げているとのことでした。中には4月当初から非常に自由度の高い学習を行っている教師もいました。この教師は、１日の中のあらゆる場面で子どもたち同士の対話の機会を設けていました。そして何か問題やトラブルがあれば、みんなで対話を行って解決を図っていたのです。そのおかげで、４月の早い時期から子どもたちの主体性を育てながら、きわめて自由度の高い学習を行っても大丈夫だったのでしょう。「いい学級」をつくると評される教師の多くは、ここで挙げたような取り組みを、特に4月、5月に時間をかけ丁寧に行っていたこともわかりました。

これらのことから、子どもたちの人間関係が流動的になる要因の一つが「対話の量」だったことがわかりました。これは、MIT組織学習センター共同創始者のダニエル・キム氏が提唱した「成功循環モデル」とも一致します。このモデルでは、組織を4つの要素で捉え、それぞれの要素が相互に影響を与え、一つの要素が向上しないと次の要素も向上しないという循環的な関係にあると示されています。まず、周囲との関わり方やコミュニケーションといった「関係の質」を高めます。すると、前向きな「思考の質」が生まれ、それが「行動の質」を高めて「結果の質」につながります。結果が良くなると、さらに「関係の質」が向上するというプラスのサイクルになり、組織が継続的に成長していくということです。「関係の質」➡「思考の質」➡「行動の質」➡「結果の質」➡「関係の質」とループする良い循環です。

「いい学級」がゆるやかにつながり合い、子どもたちが前向きに学習しようとする意欲が高かったのは、人間関係が流動的だということが要因の一つだと考えられるのです。

条件

07

いい学級の子どもは…

自ら進んで学んでいる

「いい学級」と評される学級では、子どもたちが主体的に学ぶ姿がよく見られます。驚くことに、低学年の子どもたちでさえも主体的に学んでいる姿が多く見受けられました。「いい学級」では、教師は単に知識を伝える存在ではなく、子どもたちが自ら学び、成長するためのサポート役としても機能していたのです。

「いい学級」では、「学びのコントローラー」をしっかりと持っていると言えるでしょう。つまり、学びの主導権を子どもたちが持ち、子どもたち自身で学びを進めていたのです。もちろん、その力には個人差がありますが、少しでもその力が身についていれば、「自分自身で学びのコントローラーを持っている」として話を進めます。

さて、一斉授業といえば、教師が一方的に話し、子どもたちが受け身で聞いているイメージが強いかもしれません。しかし、「いい学級」をつくると評される教師の一斉授業はそうではありませんでした。印象的なシーンを紹介します。

小学校6年生の社会科の授業中でのこと。教師があるキーワードについて説明しているときに、何人かの子どもたちがおもむろにタブレットを開いて何かを調べ始めたのです。その様子が気になった私は、子どもたちがタブレットで何をしているのかを覗きに行きました。すると、子どもたちは教師の話を聞きながら、疑問に思ったことをタブレットで調べ、それをノートにメモしていたのです。この学級では、一斉授業であっても、ただノートを写すだけの受け身の学びではなく、自分で課題を見つけ、解決する姿勢が一斉授業の中で自然に育まれていたのです。子どもたちは一斉授業の中でも主体的に学びを進めていたのです。また、ペアトークやグループトークなど、子どもたち同士で対話する機会も非常に多かったことが印象的でした。これにより、子どもたちはお互いの考えを深め合い、学びを広げていました。もちろん、子どもたちが主体的に学ぶ授業を目指しても、学級によってはうまく機能しないこともあります。何をもってうまくいっていないと判断するかは難しいですが、一つ明確に言えることは、子どもたちの中に「やらされ感」が見られるということです。つまり、子どもたちは対話をしているのではなく、教師によって対話をさせられているのです。表面上は子どもたちが主体的に学んでいるように見えても、実際には全く主体的ではないのです。

実は対話にもレベルがあり、次のように分類をすることができます。まず、教師の枠を飛び越えて行われる「主体的対話」。これは本当に子どもたちが自らの意志で行う対話です。次に、教師の意図する枠組みの中で行われる「自主的対話」。これは多少の自由はあるものの、まだ教師の意図に沿った対話です。最後に、教師に半ば強制されて行う「消極的対話」。これはまさに「やらされている」対話です。このレベルの対話になると、子どもたちは「自分事」として捉える意識が薄くなります。その結果、授業中の対話の時間に子どもたちは私語を始めたり、適当に話し合いをしたりするようになります。子どもたちが主体的に学べるようにするためには、対話の質を見極め、どのレベルの対話が行われているのかを教師が意識し、それに応じた対策を講じることが重要です。

まず、対話の目的を子どもたちにしっかりと説明することが必要です。ここでは、マクロとミクロの視点を持つことが求められます。マクロの視点では、なぜ対話が重要なのか、全体の学習目標にどう結びつくのかを何度も子どもたちにわかりやすく噛み砕いて伝え続けることが大切です。例えば、対話を通じて今まで気がつかなかったことに気づけるようになる。だから、友だちと協力し、異なる意見を尊重することが大切なんだといったことを説明します。ミクロの視点では、具体的な対話のテーマが子どもたちにとって魅力的であるか、そしてそれが日々の学びにどう影響するのかを考え、伝えます。対話が無駄だと感じさせないためには、テーマが子どもたちの興味や関心に沿っていることが必要です。対話の後には、その成果を発表する機会を設けることも重要です。アウトプットには、教師や他の子どもたちからの評価が不可欠であり、これが子どもたちの意欲を高めます。

条件

08

いい学級の子どもは…

トラブルを
たくさん
起こしている

トラブルを成長に…

「いい学級」の子どもたちはトラブルをよく起こしています。これを読んで、「あれ？」と思われる方も多いでしょう。トラブルが頻発する学級といえば「荒れた学級」や「機能不全学級」をイメージするのが一般的だからです。しかし、決してそうではないのです。

それでは、「いい学級」でのトラブルについて深掘りしていこうと思います。

まず、私たちが意識しておきたいポイントは、トラブルには「プラスのトラブル」と「マイナスのトラブル」があるということです。もう少しわかりやすく説明すると、

プラスのトラブル	子どもたちの成長、学級づくりにプラスに作用するトラブル。
マイナスのトラブル	お互いに傷つけ合う刹那的なトラブル。カースト上位の子どもにカースト下位の子どもが虐げられるようなトラブル。

「いい学級」では「プラスのトラブル」が多く発生し、一方で「荒れた学級」や「機能不全学級」では「マイナスのトラブル」が頻繁に起こっているのです。

「いい学級」では心理的安全性が確保されているため、子どもたちは自分の意見を表に

出しやすくなるのです。そのため、子どもたち同士の意見がぶつかることがよく起こります。しかし、このようなトラブルはお互いを傷つけるものではなく、むしろ建設的な対話を促すものになっていることがとても多いのです。子どもたちは意見の衝突を通じてお互いの考え方を理解し、トラブルをお互いに納得できる解決策を見つけるためのプラスのツールとしていたのです。

一方、「荒れた学級」や「機能不全学級」では、学級内の心理的安全性が欠如しているため、トラブルが発生するとお互いを攻撃するような形になりがちです。心理的安全性がない状況では、人は自分自身を守ろうとします。なので、トラブルが相手を屈服させる手段として使われやすく、建設的な対話や問題解決のプロセスに発展しにくいのです。こうなってしまうと、スクールカースト上位にいる子どもたちが好き勝手に振る舞うようになり、結果として子どもたち同士の関係性が悪化し、学級の状態も悪くなってしまいます。このように、「いい学級」ではトラブルを成長と協力の機会として活用し、「荒れた学級」や「機能不全学級」ではトラブルが対立と分断を生む原因となっているのです。では、どうすれば「マイナスのトラブル」ではなく「プラスのトラブル」が学級内に増えていくのでしょうか。

学級を成長させていく過程で「トラブル」は必要不可欠なものなのです。このことは、タックマンモデル（図2）を参考にするとよくわかります。タックマンモデルとは、心理学者ブルース・W・タックマンが提唱したモデルです。このモデルによると、チームが形成された後、混乱や対立などの5つの段階を経て、理想的な組織へと成長していく過程があるとされています。学級内でトラブルが頻発するのはまさしく第2段階である混乱期に入ったと見ることもできるのです。

「いい学級」をつくっていると評される教師に聞き取りをした際、ほぼすべての教師が「4月、5月に子どもたちのトラブルがよく起きるが、それを越えるとぐっとトラブルが減っていく」と言っていました。さらに、トラブルが起こった際に学級内のスクールカーストを見極めていることもわかりました。カーストの下位に位置する子どもたちには、教師のフォローが絶対に必要です。教師が何も手を打たなければ、カースト上位の子どもたちが自然と優位に立ち、カースト下位の子どもたちがどんどん追い詰められる可能性があるからです。カー

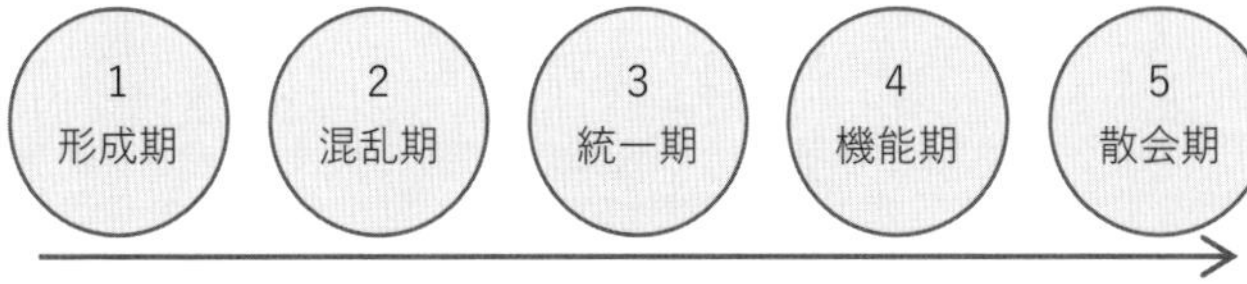

図2　タックマンモデル

スト下位の子どもたちはなかなか声を上げられないことを決して忘れてはなりません。

　通常のトラブルが発生した際、「いい学級」をつくっていると評される教師はすぐに指導を行うのではなく、まず子どもたちに「どうすれば良かったのか」を考えさせていました。これにより、子どもたちはトラブルを「他人事」ではなく、「自分事」として捉えるようになっていたのです。その後、教師が今後どうすべきなのかのアドバイスをしていました。例えば、「自分がされて嫌なことはしない」だけでなく、「自分が嫌だと感じないことでも、他人にとっては嫌なことかもしれない」という視点を持つよう指導します。このアプローチは、教師によって様々な方法で実践されています。

　もちろん、厳しく叱る場面もあります。特に、いじめや命に関わる問題に対してはどの教師も厳格に対応します。これは、学級内の心理的安全性を守るためであり、子どもたちに「ダメなことはダメだ」としっかり伝えることが彼らの成長につながるからです。しかし、叱りっぱなしにすることはなく、必ず叱った理由をきちんと説明し、子どもたちが納得できるようにフォローを行います。私自身もフォローは可能な限りその日のうちに行い、もしそれができない場合は、子どもが下校するまでに保護者に連絡をするようにしています。

　一方で、「マイナスのトラブル」が増える原因として、教師のリーダーシップの欠如が挙げられます。教師が決めた学級のルールが曖昧になり、守っても守らなくてもよくなってしまう。子どもたちのトラブル処理がスムーズにできていない。明らかなえこひいきが行われている。こういったことが積み重なると、教師と子どもたちの信頼関係が崩れ、教師に対して不信感を募らせ、反抗的な態度を取るようになります。こうなると、教室内の秩序が崩れ、スクールカーストの上位にいる子どもたちが好き勝手に行動し始め、それに続いて中間層の子どもたちも同じように振る舞うようになり、学級が崩壊していきます。

また、教師が強権主義的な指導をすることも問題です。教師への不満が溜まっても、子どもたちは何も言えず、その不満が弱い立場の者に向けられてしまいがちです。教師が強権的であるため、子どもたちは教師にばれないように陰湿なトラブルを引き起こすようになります。これがいじめの温床となってしまいます。

教師として、学級内の心理的安全性を確保し、子どもたちが安心して学べる環境をつくっていくことは非常に重要です。そのプロセスの中でトラブルは必ず発生します。トラブルが起きないことの方が不自然なのです。「いい学級」では、その成長の過程で「プラスのトラブル」が多く見られるのです。

条件

09

いい学級の子どもは…

給食を
よく食べている

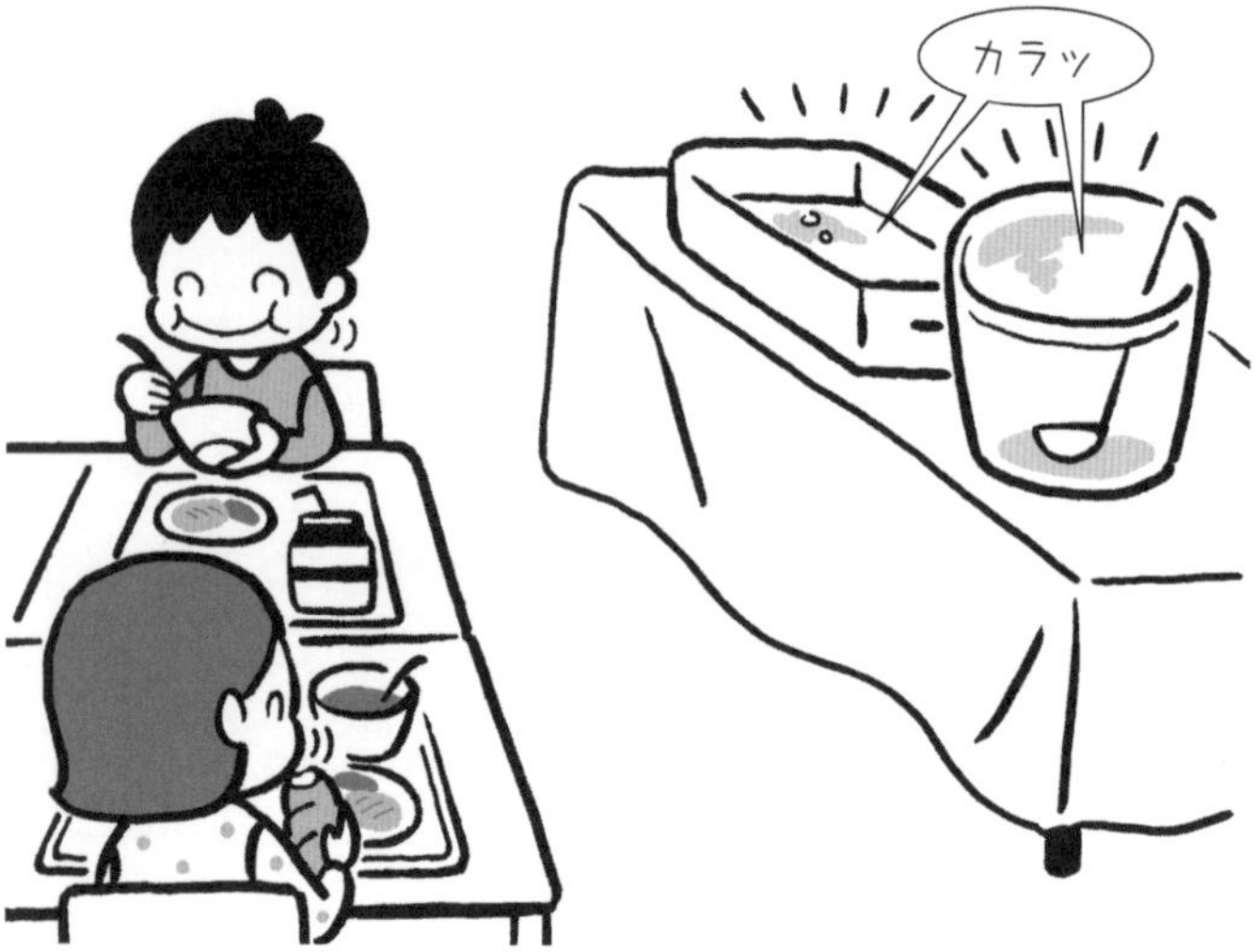

給食の時間は子どもたちにとって本来楽しいものであり、リラックスして食事を楽しむ時間です。しかし、給食指導が原因で精神的に苦痛を感じる子どもたちもいます。「残さず食べよう」「好き嫌いはしないように」といった指導が、たとえ教師の善意から出たものであっても、子どもたちに大きなストレスを与えてしまうこともあるのです。給食が食べられない子どもに対して完食を強要する、行き過ぎた完食指導は深刻な問題です。このような指導は、場合によっては、子どもにトラウマを与えることさえあります。だからこそ給食指導は慎重に行うべきなのです。

様々な要因が考えられますが、多くの学級を観察する中で、「荒れた学級」では残食が増える傾向があることがわかりました。学級が荒れてくると、子どもたちは教師が定めたルールを守らない行動が目立つようになり、給食の時間にもそのような行動があらわれます。例えば、配膳に時間がかかりすぎたり、給食中に立ち歩いてふざけ合ったりして、時間内に食べ終わらないことがよく起こります。さらに、教師の指導が十分に行き届かない状況では、わざと給食を残し、少しでも苦手なものやおいしくなさそうに感じたものを平気で避けるようなこともあります。たくさん食べる子どもをからかう子どもが出てくることもあり、その結果、たくさん食べることが恥ずかしいと感じる雰囲気や給食を軽んじる雰囲気が教室に生まれてしまうのです。これらが、「荒れた学級」で残食が増えるいくつかの要因です。近年、世間では「給食を食べるかどうかは子どもに任せるべきだ」や「食べたくないなら残してもいい」といった意見が増えています。もちろん子どもにも人権があるので、こういった意見に反対ではありません。しかし、このような意見を安易に取り入れてしまうと、ルールがなし崩し的に守られなくなり、学級が荒れるリスクが高まる可能性があることを理解しておく必要があると考えています。

一方で、「いい学級」ほど、残食が少ない傾向も見られました。ここでは、残食が少ない学級の担任がどのような指導をしていたのかを詳しく見ていきます。

残食が少ない学級の担任は、給食指導において特に「食への感謝」を重視して指導していました。具体的には、給食がどのようにして子どもたちの元に届くのかをわかりやすく伝えていました。例えば、食に関する絵本の読み聞かせを行ったり、調理員や栄養教諭に食育指導を依頼したりして、食べ物の大切さを教えていました。また、農家や配達員、調理員への感謝の気持ちを育むための「語り」もたくさん行っていました。さらに、給食のメニューに関するちょっとした情報を子どもたちに伝えることで、食に対する興味を引き出す工夫もしていました。残食が出ている学級では、「好き嫌いをしないこと」や「完食すること」が強調されることが多かったのです。一方、残食が少ない学級の担任は、無理に完食させるのではなく、子どもたちが自然に給食を楽しんで完食できるようにしていたのです。また、残食が少ない学級では、「おかずを減らした人はおかわりができない」といった、残食に対するペナルティを課すような指導をしている教師はほとんどいませんでした。さらに、給食の配膳時には、子どもたちが自分でどれだけ食べられるかを自己選択できるようにしていました。その上で、配膳が終わると食缶がほとんど空になる学級が多かったことが印象に残っています。確かに、給食のおかずは一人あたりの量が計算されて食缶に入っているはずです。そのため、おかずがたくさん残るということは、配膳がうまくいっていない可能性があるとも考えられるのです。

「いい学級」では、自然と給食を楽しみながら完食する雰囲気がありました。また、個別に配慮が必要な子どもに対しては、無理に食べさせないという柔軟な対応もされていました。一方で、「荒れた学級」では、給食が軽んじられるような雰囲気が学級内に広がっていたのです。

給食指導も教科指導と同様に、高い目標を目指すべきですが、全員を一律にその目標に導くのではなく、個々に応じた柔軟な対応や指導が重要だと言えるでしょう。

条件

10

いい学級の子どもは…

自由に タブレットを 使っている

「いい学級」では、教師が全員に同じタイミングでタブレットを使わせることはほとんどありませんでした。子どもたちは、それぞれの学びの進度や興味に応じて、必要なときに自由にタブレットを活用していたのです。

例えば、授業中に教師の説明でわからないことがあった場合、子どもたちはすぐにタブレットを使って調べ、その内容をノートにメモしていました。これにより、その場で疑問を解決でき、理解が深まりやすくなっています。また、タブレットを使うことで、教科書やノートだけでは得られない情報を探し出し、学びの幅を広げることができます。歴史の授業では、教科書に書かれていない詳細な情報をインターネットで調べることで、より深い理解を得ることができます。さらに、タブレットを使って様々な問題を解いたり、資料をまとめたりすることも可能です。算数の授業では、タブレットを使ってAIドリルに取り組み、国語や社会の授業では、学んだことをタブレットでまとめたり、関連する資料をインターネットで読んだりすることで、さらに学びを深めていました。

このような学びの姿勢は、子どもたちの理解を深めるだけでなく、自分で考えて行動する力、主体性を育むことにもつながっていました。

しかし、教師の中には、子どもたちに自由にタブレットを使わせることに抵抗を感じる方もいるかもしれません。

一方で、「いい学級」を築いている多くの教師たちが共通して言っていたことがあります。それは、

子どもたちは時に学習に関係のないことをしてしまうが、それはタブレットの使い方が問題なのではない

ということです。

要は、タブレットは単なる道具に過ぎず、その使い方次第で頼れるパートナーにも、そうでないパートナーにもなり得るのです。

タブレットが一人一台配付される前から、授業中にノートや教科書に落書きをしていた子どもたちは少なからずいました。私自身も、社会の授業中に偉人の顔にいたずら書きをしたことがあります。現在では、タブレットを使って授業とは無関係のことを調べたり、教師の愚痴を発信したりする子どもたちもいます。昔から、授業中に学びから離れる子どもや、他人を傷つける発言をする子どもたちは存在していたはずです。しかし、タブレッ

トが一人一台配付されたことで、これまで教師の目に見えなかったものが、タブレットによって可視化されるようになっただけなのです。つまり、子どもたちが授業に集中できないのは、タブレットや子どもたち自身の責任ではなく、授業そのものに問題がある可能性があるのです。もし、タブレットを使って他者を傷つける言動が見られるなら、それはタブレットを使わせたかどうかの問題ではなく、学級内の人間関係にこそ原因があると考えるべきです。繰り返しになりますが、タブレットは単なる道具に過ぎません。その使い方がどう影響するかは、教師の授業づくりや学級の人間関係次第で大きく変わってきます。子どもたちが主体的に学び、健全なコミュニケーションを育むためには、タブレットをどのように活用させるか、そして教師がどのように環境を整えるかが鍵となるのです。

そのためのポイントとして「いい学級」を築いている教師たちが共通して指摘するのは、

子どもたちの主体性を引き出すためには、子どもたちに目の前の事象をいかに「自分事」として捉えさせるか

が重要だということです。

教科書に書かれていることをただ暗記し、課題をこなすだけでは、学びは表面的なものにとどまってしまいます。大切なのは、子どもたちが学んだ知識が日常生活でどう役立つのかを意識させることです。また、授業の中で子どもたちの興味や関心を引き出すことも重要です。こうした取り組みを繰り返すことで、子どもたちの学習意欲が高まり、学びが「他人事」から「自分事」へと変わり、子どもたちの主体性を引き出す鍵となります。

また、トラブルが発生した際にも、教師が主導して解決しようとすればするほど、子どもたちはそのトラブルを「他人事」として捉えるようになってしまいます。何が問題だったのか、次にどうすればよいのかを子どもたち自身に考えさせることが重要です。これによって、子どもたちはトラブルを「他人事」としてではなく、「自分事」として捉え、自ら問題に向き合う姿勢が育まれます。

タブレットは、子どもたちの創造性や自発的な学びを支える頼れる相棒となり得ます。ただし、その効果を最大限に引き出すためには、子どもたちがタブレットを自由に使える環境が必要です。学びも日常生活も自分自身の問題としてどう向き合うかを考えさせることが、主体性を育てるポイントです。そして、子どもたちは教師が管理しなければならない存在だといった考え方を手放すことが大切です。この2つがセットになることで、子どもたちはタブレットを頼れるパートナーとして活用できるようになるのです。

もちろん、最初からすべてがうまくいくわけではないと、多くの教師が言っています。トラブルは必ず起こりますが、それが子どもたちの主体性を育てる大切な機会になるのです。

条件

11

いい学級の子どもは…

大きな声で話し合いをしていない

「おっ、学級が成長してきているな」

授業中にふとそう感じる瞬間があるでしょう。みなさんは学級のどんな子どもたちの姿を見て、そう感じますか？　子どもたちが自分たちで問題を解決しようとしている姿でしょうか。それとも、お互いに意見を交換しながら協力し合っている姿でしょうか。あるいは、勉強が苦手な子が意欲的に学習に取り組もうとしている姿かもしれません。

これまでに多くの学級を参観して感じたことですが、「いい学級」と評される学級では、子どもたち同士の話し合いの姿が非常によく似ていることが多かったのです。

子どもたち同士の話し合いの声が耳障りだと感じることがなかった。

私も授業の中で、子どもたち同士が学び合ったり対話したりする機会をたくさん取り入れています。確かに、4月や5月の時期には、子どもたちの話し合いの声がとても大きく、時にはストレスを感じるほどです。しかし、子どもたちの間で人間関係が深まってくると、話し合いの声が少しずつ小さくなっていきます。この変化を、私は学級づくりがうまく進んでいるかどうかを測る指標として捉えています。

一学期の最初の頃は、子どもたちがまだ学級に慣れていない時期です。このため、自己主張が強くなりがちです。自分の立場を確立しようとする気持ちから、ついマウントを取るような言動を見せることが多くなります。特に、初対面の相手や新しい友達との関係を築く際、無意識に相手に自分の優位性を示そうとするために、話し合いの場でも声が大きくなったり、他人を押しのけるような発言をしたりすることが見られます。これらの現象は「ポリヴェーガル理論」で説明することができます。

「ポリヴェーガル理論」を提唱したのは、アメリカの心理学者スティーブン・ポージェスです。この理論は私たちの体が安全や危険をどう感じ取り、それに体がどう反応するかを説明するものです。例えば、教室での話し合いの声の大きさは、子どもたちの心理的安全性と密接に関係しています。子どもたちが教室で安心感を抱いているとき、話し合いの声は自然と落ち着き、穏やかなトーンで話し合いが進むことが多くなります。これは、子どもたちが相手を信頼し、自分の意見や気持ちをリラックスした状態で表現できているからです。安心していると、無理に声を張り上げずにしっかりとしたコミュニケーションが成立します。

一方、教室内で子どもたちが不安や緊張を感じている場合、話し合いの声が自然に大きくなる傾向があります。これは、子どもたちが無意識に自分を守ろうとしたり、相手に負けたくないと感じたりしたとき、自己主張を通そうとする意識が強くなるからです。その結果、声のボリュームが上がって話し合いが騒々しくなることがあるのです。

子どもたち同士の話し合いの声が落ち着いているときは、学級に心理的安全性が確保され、子どもたちが安心感に包まれ、自然と協力が生まれる土壌が整っていると言えるでしょう。逆に、子どもたち同士の話し合いの声が大きく騒がしいときは、子どもたちがまだ学級内で不安を感じている可能性があり、その原因を探り、心理的安全性を高めるための取り組みが必要だと判断できるのです。

条件

12

いい学級の子どもは…

気持ちのいいあいさつをしている

「おはようございます」
「よろしくお願いします」
「いい学級」と評される学級では、子どもたちがとても気持ちのいいあいさつをしてくれていました。朝の登校時や授業の始まりに、明るく元気な声であいさつをする姿を見ると、教室全体が和やかで前向きな雰囲気に包まれていることが感じられ、私自身も自然と前向きな気持ちになりました。

一方で、全員がそろって大きな声であいさつをしているわけではありません。あいさつは、あくまでも自然で、元気さが伝わる程度の声でした。私が若い頃は、全員がそろって元気よく大きな声であいさつをすることが、「いい学級」の条件の一つだと考えていた時期もありましたが、今はそうではありません。

「いい学級」と評される学級では、あいさつをさせることが目的ではなく、あいさつを子どもたちの人間関係構築の手段としていたのです。

あいさつには、心理学的にも多くの良い効果があります。人は他の人とつながりを感じることで、心が落ち着き、幸せを感じやすくなると言われています。あいさつを交わすことで、「あなたを大切に思っています」という気持ちを伝え、それが自分の自信や安心感にもつながるのです。

　また、あいさつをすることで、自分も相手も明るい気分になり、学級や周りの雰囲気が明るくなります。こうした前向きな気持ちは、子どもたちのストレスを減らし、不安を和らげる助けにもなります。

　さらに、あいさつは社会のルールや礼儀を守るためにも重要です。毎日あいさつをすることで、自分をコントロールする力や、他の人を思いやる心を育てることができます。特に子どもたちにとって、あいさつは将来に役立つ大切なスキルであると私は考えています。

　ただし、あいさつをするかどうかは個人の自由であり、無理に強制することは避けるべきです。「あいさつは絶対にすべきだ」といった同調圧力をかけて、全員が同じようにあいさつをしなければならないという雰囲気をつくると、かえってストレスを感じる人が出てくるかもしれません。あいさつが苦手な人もいることを理解し、それぞれが無理なく自分のペースであいさつができるように配慮することが大切です。

　もちろん、あいさつができない人に対しても、あいさつの大切さを伝え続けることは重要です。例えば、「大人になったとき、あいさつをして損をすることはありません。むしろ、あいさつをすることで多くのプラスがあります。あいさつほど素敵なものはないですよ」と伝えることで、あいさつの価値を理解できるようにします。子どもたちに伝える内容は教師によって様々で構いません。声の大きさや型にこだわりすぎず、自然な形での元気なあいさつを大切にすることで、みんなが気持ちよくあいさつをする雰囲気をつくることができます。このように、自然に元気よくあいさつを交わす雰囲気を学級につくることは、学級の人間関係を円滑にするために非常に大切です。あいさつが自然に交わされる環境では、相手との距離が縮まり、良質なコミュニケーションが生まれやすくなります。一方で、あいさつが苦手な人には、無理にあいさつを強制せず、「あいさつができるようになるといいね」という程度に、教師も子どもたちも寛容な態度で接することが大切です。そうすることで、学級内の子どもたち一人ひとりが心理的安全性を感じることにつながります。

「いい学級」では、子どもたちが心理的安全性を感じているからこそ、ほぼ全員が元気よくあいさつができるようになるのでしょう。しかし、「いい学級」をつくっているとされる教師の多くは、あいさつを強制するような指導をほとんどしていないと言います。そのからくりは、学級内に元気よくあいさつする雰囲気をつくりつつも、あいさつをしなくてもいいという柔軟な指導を行っていることにあるのでしょう。

条件

13

いい学級の子どもは…

自分たちで学級づくりをしている

とにかく、子どもたちが主体的に学級づくりに参画している。これが「いい学級」と言われる学級を見た私の率直な感想です。例えば、ある学級では、困りごとがあっても、教師が主導して解決する場面はほとんど見られませんでした。何か問題が起こると、子どもたちは椅子をサークル状に並べ、互いに顔を突き合わせて話し合いをしていました。教師は「みんなはどうしたい？」や「何か困っていることはない？」と問いかけるだけで、積極的に介入することはなく、子どもたち自身が問題を解決できるよう促していました。学級会、アドラー心理学に基づく学級会議、イエナプランのサークル対話など、話し合いのスタイルは各教師によって様々でした。ここではそれらの具体的な実践方法や事例の紹介は省略しますが、興味があれば書籍やインターネットで調べてみてください。

2学期の半ば頃に、再びその学級を訪れると、子どもたち自身から相談や提案が出されたテーマで話し合うようになっていました。例えば、「ダンス係でダンス発表会をしたい」「給食を食べ終わったら宿題をしたい」「ハムスターを飼いたい」「トイレが汚れていて掃除が大変だ」といったように、学級のルールや活動についてのテーマが、子どもたちから積極的に提案されるようになっていたのです。

実際に私の学級でも、トイレ掃除を担当する子どもたちから「トイレ掃除について困っていることがある」と話し合いの提案があり、学級全体で話し合いが行われたことがあります。2年生と4年生が共用しているトイレが頻繁に汚れており、掃除担当の子どもたちがどうすればトイレをきれいに保てるか悩んでいたのです。そこで、どうすればみんながトイレをきれいに使うようになるかを話し合いました。最初に出た意見は「2年生と4年生に『トイレをきれいに使ってほしい』と直接伝えよう」というものでした。しかし、話し合いが進むうちに、「それだけでは効果が薄いかもしれない」と考える子どもたちが出てきて、「もっと効果的な伝え方はないか」と新たに考え始めました。そして、「ただお願いするだけではなく、『小学校で一番きれいなトイレにしたいから、協力してほしい』と伝えれば、より前向きに協力してもらえるのではないか」というアイデアが出ました。この提案が採用され、トイレ掃除を担当する子どもたちは、実際に2年生と4年生の教室に行き、「トイレを小学校で一番きれいにしたいから、一緒に協力してほしい」と伝えました。さらに、トイレをきれいに使うよう呼びかけるポスターも作成し、トイレの目立つ場所に貼りました。その後、2年生と4年生は以前よりもきれいにトイレを使うようになりました。この一連の話し合い活動を通して、子どもたちは、自分たちのアイデアが実際に効果を生んだことを実感し、学級全体で問題を解決することの大切さを学ぶことができました。

「いい学級」では、困りごとだけでなく、学級づくり全体に子どもたちの意見を積極的に取り入れている教師が多くいました。教室の環境や授業の進め方についても、子どもたちの声を大切にし、どうすれば毎日をもっと過ごしやすく、学びやすくできるかを、教師だけが決めるのではなく、子どもたちも一緒に考えていました。こうして、みんながハッピーになれるような学級づくりが進められていたのです。軽井沢風越学園の岩瀬直樹氏は、この方法を「共同修正」と呼んでいます。子どもたちと協力しながら、学級をより良くしていくという考え方です。私もこの考えに共感しており、子どもと教師が共に主体となって学級づくりを行うことが大切だと考え、これを「共主体の学級づくり」と呼んでいます。

一方で、学級会や学級会議、サークル対話といった活動をただ実践するだけでは、本当に意味のあるものにはならないとも感じています。「いい学級」では、日常的に子どもたちが「対話」をしていました。だからこそ、子どもたちは意見を出し合い、納得し合い、自分たちでどう進めていくかを決めることの大切さを実感していたのです。こうした基盤があったからこそ、それぞれの話し合いの実践に命が吹き込まれ、生き生きと学級の中で機能していたのだと思います。

条件

14

いい学級の子どもは…

教師の枠を超えて成長している

「いい学級」をつくると評される教師たちは、しばしば子どもたちの予想外の成長に驚かされることがあるそうです。私がその教師たちに聞き取り調査を行ったところ、「まさか子どもがこんなことをするなんて思いもしなかった」というエピソードを数多く聞くことができました。

例えば、こんなエピソードがありました。ある子どもは、1学期の間ずっと漢字テストで20点から30点しか取れなかったのに、2学期に入ると急に点数が大きく上がりました。その子どもは、「漢字の覚え方がわかったんだ。目を閉じて頭の中で何回も練習すると覚えやすいんだよ」と、自分なりの学び方を見つけ、成果を出すようになったのです。子どもに「学びのスイッチ」が入ると、教師がどれだけ丁寧に指導しても変わらなかったことが、一気に変わるのです。ここから、いかに子どもたちの「学びのスイッチ」を探し、入れることが重要であるか。そして、教師一人でどうにかしようとすることには限界があることを、改めて感じたそうです。

別の教師から聞いたエピソードです。算数の自由進度学習の中で、ある子どもが教師の用意した単元計画表を見て「こうした方がもっといいんじゃないか」と逆に提案してきたことがあったそうです。そのとき、この教師は「僕たち教師はみんなの学習をサポートする役割だよ。単元計画表は、みんなが自律した学習者になるための手引きのようなものなんだ。この計画はあくまでガイドで、実際に学びを進めるのは君たち自身だよ。だから、この単元のゴールに向かって、自分でどんどん学びを進めていってほしい。そしてもし、この単元のゴールに早くたどり着いたら、次にどうするかを自分で考えてみてね」と伝えていたそうです。まさに、子どもが「学びのコントローラー」を握った瞬間でした。その成長には、驚きと感動を覚えたと言います。

さらに、別の教師は、授業中に「もっとみんなと一緒に学び合いたいから、授業のルールを自分たちで考えたい」と自発的に提案する子どもたちの姿を目の当たりにしたそうです。彼らは、より良い学びの場をつくり上げるために、学級全体で協力してルールを決めようとしました。子どもたちが自ら進んで意見を出し、みんなで話し合いながらより良い環境をつくろうとする姿を見た教師は、その成長に大きな喜びを覚えたそうです。

私の学級でも、学年末に驚かされたことがあります。それはお別れの手紙の代わりに、子どもたちが私に「サプライズお別れムービー」を作ってくれていたことです。子どもたちはICTツールを使い、思い出の写真やメッセージを映像にまとめた、心のこもった作品を完成させてくれていました。このような創造的なアイデアが生まれることは、私の意図を超えており、その姿に鳥肌が立ちました。

　これらのエピソードは、子どもたちの主体性を呼び覚ますことで、自ら考え、行動するようになることを示しています。「いい学級」をつくるためには、教師が一方的に指導するだけでなく、子どもたちの声に耳を傾け、主体性が発揮されるような環境を整えることが重要です。そうすることで、子どもたちは時には教師が予想もしなかったような驚くべき姿を見せてくれるのです。もちろん、すべてがうまくいくわけではありません。むしろ、失敗することの方が多いかもしれません。しかし、失敗を恐れずにチャレンジすること、そして迷ったらとにかくチャレンジしてみる。こういったことを「素晴らしいこと」として受け入れる雰囲気を学級内に育むことが大切です。そうすれば、子どもたちはどんどん新しいことに挑戦していくでしょう。そして、その結果として、子どもたちの主体性が育まれていくのです。

　このような子どもたちの成長した姿は、教師にとって「学びの宝庫」です。子どもたちが自らの力を発揮し、教師の意図を超えた姿を見ると、私たちは教育の本質を改めて実感することができます。教育とは、子どもたち一人ひとりの可能性を信じ、彼らが自ら未来を切り開いていく力を信じることにほかならないのです。

第3章　いい学級をつくる教師の姿

条件

15

いい学級の教師は…

子どもたちとたくさんコミュニケーションを取っている

多くの教室を見て感じたのは、「いい学級」と評される学級では、教師と子どもたちの関係がとても良好だったということです。他の学級と比べて一人ひとりの名前をたくさん呼び、一人ひとりの子どもたちの目を見て話をしていたことが特に印象的でした。実際に子どもたちも先生とよく目が合うと言っていました。

「いい学級」の多くの子どもたちが担任の先生を信頼し、親しみを持っていたことは確かでした。一方で、学級の状況が芳しくない学級では、教師と子どもたちの関係があまり良好ではないことが多く見受けられました。どんな組織でも、信頼関係がなければ物事はうまく進みません。これは学級づくりでも同じで、「いい学級」をつくるための第一歩は、子どもたちとどれだけ信頼関係を築けるかにかかっているのです。

では、子どもたちから見て「いい先生」とはどんな

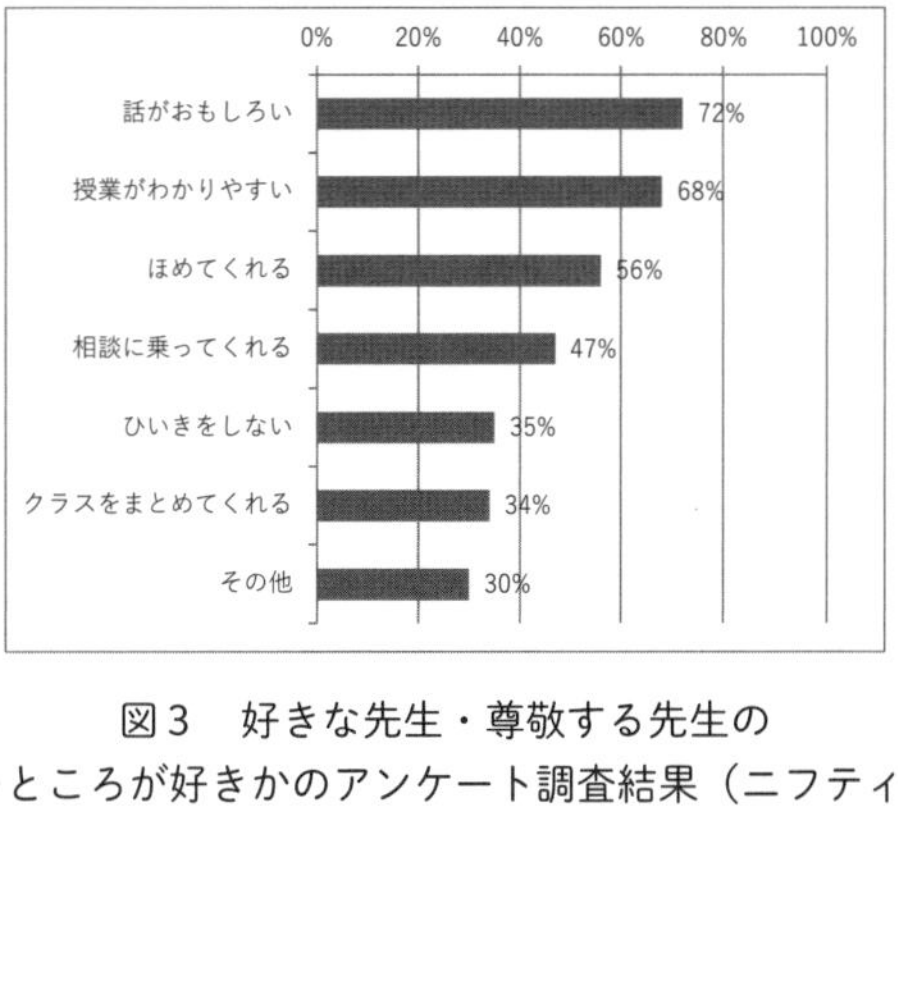

図３　好きな先生・尊敬する先生の
どういうところが好きかのアンケート調査結果（ニフティキッズ）

先生なのでしょうか。2021年にニフティ株式会社が運営する子ども向けサイト「ニフティキッズ」で実施された先生に関するアンケート調査の結果が図3に示されています。この調査によると、学級をまとめる力以外の項目は、教師の工夫次第ですぐに改善できるものが多いことがわかります。「いい学級」と言われているいくつかの学級で、子どもたちに「担任の先生はどんな先生ですか？」と聞いた結果も、この調査結果と一致していました。

「いい学級」をつくる教師たちの話を聞くと、新学期の4月には、特に子どもたちとの信頼関係を築くことを大切にしていることがわかりました。授業中に子どもたちが良い発言や行動をすると、「その考え方は素晴らしいね」「一生懸命頑張っていていいね」といった声かけを積極的にしていました。また、授業を見ていると、どの先生も子どもたちのちょっとした気遣いに「ありがとう」と自然に伝えている様子がとても印象に残りました。

さらに、子どもたちと一緒に遊ぶことを大事にしている先生もいました。運動場で元気に遊ぶだけでなく、教室でおしゃべりすることもあり、学級の全員とできるだけ会話をするように心がけているそうです。このように、「いい学級」をつくる先生たちは、子どもたちとのコミュニケーションをとても大切にしています。最初の印象がその後の1年間に大きな影響を与えることを意識して信頼関係を築いていたのです。この信頼関係がしっかりしていることが、学級づくりの土台となっているのです。

上越教育大学教職大学院の赤坂（２０１４）は、教師と子どもたちの信頼関係が学級づくりにおいて非常に重要だと述べています。彼は、「学級づくりは教師と子どもたちの人間関係から始まる」と強調しており、良好な関係が築かれていれば、その後の授業や指導もスムーズに進むとしています。また、河村ほか（２００４）は、教師が「人としての魅力」と「教師としての魅力」を子どもたちに伝えることの大切さを述べています。「人としての魅力」とは、子どもたちが教師に親しみを感じ、「この先生は自分を理解してくれる」と思えることです。

専門的な視点から見ても、信頼関係がしっかり築かれている学級が「いい学級」の基盤になることがよくわかります。もちろん、全員とたくさん遊んだり話したりすることに、こだわりすぎる必要はありません。関わり方に濃淡があってもいいと思います。でも、教師とうまく関われない子にも、一言でもいいので毎日声をかけることを意識することは大切です。子どもたちが毎日楽しく過ごせるように、教師が心がけるべきは、子ども一人ひとりとのコミュニケーションです。教師にとっては一対多の関係でも、子どもにとっては一対一の関わりになることを、忘れないように、私は心に留めています。

条件

16

いい学級の教師は…

同僚との関係が良い

「いい学級」をつくると評される教師たちは、同僚との関係がとても良好であることが多かったです。もちろん、内心では色々と思うことがあると話していた教師もいましたが、それを過度に表に出さないようにしていると言っていました。そうした教師たちへの聞き取り調査からわかったのは、彼らが自分を他の教師より優れているとは思っていないことです。むしろ、「いい教育」とは何かを常に考え、日々自問自答しながら、試行錯誤を重ねている姿が印象的でした。

同僚との良好な関係を築くためには、相手へのリスペクトが非常に重要だと感じます。相手が自分とは異なる考え方や経験を持っていることに対して、「自分にはない視点を持っているんだな」と関心を持ち、興味を抱くことが必要なのです。こうした姿勢がなければ、対話はうまく成り立ちません。対話とは、お互いを尊重し、相手の考えを理解しようとする姿勢があって初めて成立します。だからこそ、相手に対するリスペクトを持つことが必要なのです。対話は、ただ言葉を交わすだけではなく、相手の意見や感情に対して敬意を払い、自分とは違う視点を受け入れる心構えがあって初めて、深く有意義なものになります。

一方で、ある分野について一生懸命に学んでいる教師の中には、他の同僚を「勉強していない」と感じ、見下してしまう人がいることも事実です。しかし、これには注意が必要です。なぜなら、教育というものは非常に多面的であるからです。教育の質を一概に定義することは非常に難しいことです。教育の質を測る基準には、子どもたちの学力向上だけでなく、心の成長や社会性の発達、批判的思考や創造力の育成など、多くの側面があります。また、子どもたち一人ひとりの多様なニーズに応じる能力も、教育の質を評価する上で重要な要素です。自分の教育観や実践をあたかも「正解」のように振る舞う教師も、他の教師から見れば「何もわかっていない」と評価されることがあります。

もしかすると、自分と同じ意見が教師の中で多数派だと考えている人がいるかもしれません。しかし、それはエコーチェンバー現象に陥っている可能性があることを考慮する必要があります。エコーチェンバー現象とは、自分と同じ意見や考え方を持つ人たちばかりが集まり、お互いの意見を反響させるように繰り返し確認し合う状況を指します。これによって、異なる意見や視点に触れる機会が減り、自分の考えがますます強固になる一方で、他の意見を受け入れにくくなるという問題が生じます。SNSは、アルゴリズムによってユーザーが興味を持つ情報を優先的に表示する仕組みになっているため、エコーチェンバー現象が起こりやすい環境になっていることにも留意しなければなりません。

もう少しわかりやすく説明すると、自分が興味のある教育実践に「いいね」やシェアをすると、似たような内容の投稿がタイムラインに多く流れるようになります。これによって、自分の考えが「正しい」と感じやすくなるのです。

「いい学級」と言われている学級をつくっている教師への聞き取り調査を通じて明らかになったのは、同僚と良好な関係を築くために大切なことがいくつかあるということです。

まず、多くの教師が強調していたのは、コミュニケーションの重要性です。同僚と日常的に何気ない会話を重ね、互いの考えや感じていることを共有することが、信頼関係を築くために大切だということです。意見が異なる場合でも、相手の話をしっかりと聞き、理解しようとする姿勢が、良好な人間関係の土台になるとのことでした。

また、相手へのリスペクトも重要な要素として多くの教師が挙げていました。彼らは、仕事や意見、考え方が自分と違っていても、その違いを尊重し、お互いの強みを認め合うことが、良い関係を築く鍵だと感じているようです。この尊重の姿勢が、同僚との信頼を深める要因になっていると言います。

さらに、同僚が良い仕事をした際に「ありがとう」や「助かりました」といった感謝の気持ちを積極的に伝えることが、信頼関係を深める上で大切であるとも話していました。

ポジティブな言葉は、相手に「自分が認められている」と感じさせ、関係を強化する力があるのです。これは学級づくりにも通じる部分です。協力を惜しまない姿勢も重要であり、同僚が困っているときには、積極的に手を差し伸べるようにしている教師が多いようです。

もちろん、自分の意見をしっかり主張することは大切ですが、相手の意見にも耳を傾け、時には自分の意見を押し通しすぎずに、お互いが納得できるようにすることも意識しているようです。そうすることで、結果的に自分にとってメリットが多いからです。同僚との関係性が良くなれば、自分の教育観や実践にも理解を示してもらいやすくなり、働きやすい環境が整っていくのです。何をしているかも大切ですが、誰がしているかといったところで、実践の是非を判断されることが多いのです。

しかし、どうしても合わない同僚がいるときは、無理に仲良くしようとせず、少し距離を置くことも一つの方法です。例えば、意見がどうしても合わない、考え方が全く違うと感じる場合には、無理にその人に合わせる必要はありません。無理に関わると、かえってストレスが溜まってしまうことが多いので、自分の心の健康を守るためにも、適度な距離を保つことが大切です。でも、距離を置くといっても、全く関わらないわけではありません。仕事で必要な連絡や協力が求められる場面では、きちんと話し合い、最低限の連携は取るようにしましょう。その際、感情的にならずに冷静に対応することが重要です。

また、同僚同士の関係性は、管理職や学年主任のリーダーシップやマネジメントによって大きく左右されます。例えば、管理職や学年主任が積極的にチームビルディングを促進し、メンバー同士がコミュニケーションを取りやすい環境を整えることで、職場の人間関係が円滑になり、同僚同士の関係も自然と良くなっていくでしょう。管理職や学年主任がチーム内の問題に早期に気づき、適切に介入することで、トラブルが大きくなる前に解決できることもあります。例えば、意見の対立や価値観の違いから生じる摩擦がある場合、管理職が中立的な立場で話を聞き、双方の意見を調整することで、円満な解決が図られることがよくあります。

学級づくりでは多様性を大切にしていると言っておきながら、職員室での自分の振る舞いが、多様性とは真逆かもしれないということを、私たちは慎重に考える必要があるかもしれません。

条件

17

いい学級の教師は…

新年度に保護者へ教育観を丁寧に伝えている

教育活動は、教師だけで成り立つものではなく、保護者の協力も不可欠です。教師と保護者が力を合わせることで、より良い教育が実現します。しかし、実際には保護者との関係に悩んでいる教師も少なくないでしょう。

保護者が学校にクレームや意見を伝える背景には、いくつかの理由が考えられます。例えば、子どもが学校で困ったことや不満を感じ、それを家庭で話すと、親は心配になり、学校に問い合わせることがあります。また、担任教師の対応に不満を抱くこともあります。教師の指導が厳しすぎると感じたり、逆に注意が足りないと感じたりしたとき、保護者は不安を覚え、学校に意見を伝えることがあります。こうした不安や不満の背景には、保護者が教師の教育方針や指導方法に疑問を感じていることが考えられるのです。保護者はその疑問、不安や不満を学校に伝えたいと思うものです。このような状況を解消するためには、保護者との丁寧なコミュニケーションが重要です。「いい学級」と評されている学級の教師たちの保護者対応には、多くの参考になるヒントが詰まっていました。特に、これらの教師が共通して強調していたのは、「先手を打つこと」です。新学期が始まる4月に、保護者に対して自分の教育観をしっかりと伝えることが重要です。彼らはこの時期を、保護者との信頼関係を築くための基盤づくりの機会と捉えています。

まず、多くの教師が実践していたのが、学級通信を通じて自分の教育方針や価値観を保護者に伝えることです。学級通信は、教師がどんな考えや目的を持って学級づくりをしているかを保護者に伝える大切なツールです。子どもに向けて書かれたものでも、保護者に向けて書かれたものでも、どちらでも教師の教育観を保護者に伝える役割を果たしてくれます。ある教師は、「自分の教育観を早い段階で保護者に伝えることで、保護者との教育観のズレを防ぐことができる」と話していました。

次に、学年懇談会を大切にしている教師も多くいました。懇談会は、保護者との直接的な対話の場として、教師の教育観をさらに深く理解してもらう機会となっています。ある教師は、「懇談会で保護者の不安や疑問に真剣に答えることで、信頼関係を早い段階で築くことができる」と話していました。

さらに、家庭訪問や個人懇談を通じて、保護者一人ひとりと向き合うことで、教育観の擦り合わせを行うことも重要だと、多くの教師が述べていました。ある教師は、「家庭訪問や個人懇談で保護者の考えを直接聞き、それに対して自分がどう対応するかを話し合うことで、保護者との信頼関係が深まる」と話していました。

また、ある教師も「クレームが発生してから対応するのは精神的に負担が大きい。そのため、できるだけ早い段階で保護者としっかりコミュニケーションを取り、信頼関係を築くことが大切だ」と語っていました。何か問題が起きた後では、対応に時間や労力がかかり、場合によってはその後の学級づくりにも影響が出ることがあります。そうならないためにも、電話をするか迷ったら電話をする。家庭訪問に行くか迷ったら家庭訪問に行く。とにかく早めの行動が鉄則だと言っていました。

もちろん、信頼関係を築くことは一朝一夕にできるものではありません。保護者との日々の小さなコミュニケーションを大切にし、どんな疑問や不安にも丁寧に対応することが求められます。しかし、早い段階で保護者と信頼関係を築くことで、保護者からのクレームや不満を減らし、学級づくりをスムーズに進めることに大きくつながるのです。学校現場では、子ども、保護者、同僚との信頼関係がすべての活動の土台となります。子どもとの信頼関係は学級づくりにおいて必須です。保護者との信頼関係があれば、家庭との連携がスムーズになります。同僚との信頼関係があれば、チームワークが向上します。このように、信頼関係は教育の土台であり、何をするにも欠かせない要素なのです。

条件

18

いい学級の教師は…

保護者とたくさんコミュニケーションを取っている

教育活動は、教師と保護者が協力して進めるものです。でも、保護者とうまくいかない教師も少なくありません。その大きな原因の一つが、コミュニケーション不足です。教師と保護者が十分に情報を共有したり、意見を交換したりできていないと、誤解や不安が生まれやすくなります。さらに、保護者は教師のことをよく理解できず、教師に対して否定的な見方をしてしまうかもしれません。最近のニュースでよく目にする教員の不祥事なども、そうした見方を強める要因になります。その結果、少しでもマイナスなことがあると「やっぱり」と思い込んでしまい、保護者との信頼関係が崩れるリスクが高まります。だからこそ、保護者とのコミュニケーションが非常に大切なのです。

個人的に、コロナ禍以降、保護者との関係が以前より希薄化していると感じます。学校行事や懇談会がなくなったり、簡略化されたりして、保護者と直接話す機会が少なくなりました。その結果、面と向かって話すことで育んできた信頼関係が育めず、雑談を通じて保護者の悩みを知る機会も減ってしまったのです。さらに、働き方改革での業務の効率化や時間外勤務の削減も保護者との関係にだけフォーカスするとマイナスの影響を及ぼしています。以前は放課後に電話や家庭訪問をしていた場面でも、今ではメールや連絡帳でのやり取りで済ませることが増え、保護者との距離が広がっているように感じます。この状況に少し危機感を覚え、私はできるだけ今も直接保護者と話すように心がけています。

「いい学級」と評される学級をつくる教師は、保護者とのコミュニケーションを大切にしています。今こそ、こうした実践を見直すことが重要だと思います。「いい学級」と評される学級をつくる教師の多くが、保護者との関係がうまくいかない理由として、保護者の相談や要望に真剣に向き合わず、軽く受け流してしまうことが挙げられると考えていました。それだけでなく、その後のフォローが不十分であれば、保護者との良好な関係を築くことは難しいでしょう。一方で、どんなに教師が努力しても、保護者からのクレーム対応は避けて通ることはできません。しかし、その対応が信頼関係を築くチャンスにもなるのです。

インタビューに応じた教師たちは、クレーム対応で最も大切なことは、誠意を持って保護者の話を最後までしっかり聞くことだと言っていました。否定や反論を避け、保護者の気持ちに寄り添う姿勢が必要だと言います。しかし、安易な謝罪や軽率な回答は逆効果になることもあるので、慎重に対応することが求められます。返答に困った場合は、管理職や学年主任に相談し、すぐに否定せず、代わりの案を提案することで、保護者に誠意を示すことができると多くの教師が話していました。最終的に、保護者との関係は問題が起きたときの対応次第で大きく変わります。インタビューを受けた教師たちは、細やかな配慮が保護者との信頼関係を築くのに役立つとも述べていました。

ある教師は、子どもの良いところを見つけて、それを官製ハガキに書いて家に送っていました。このハガキは、1年を通じて学級の全員に何度も送られ、子どもたちはもちろん、保護者も喜んでいました。これにより、子どもとの信頼関係だけでなく、保護者との信頼関係も築けます。この実践は、元群馬県教師である深澤久氏が考案した「突然のラブレター」を取り入れたものだそうです。

また、学級通信で子どもたちが頑張っている姿や友だちに優しくしている様子を写真で紹介していた教師もいます。その写真に教師の教育観を添えて、学級で大切にしたいことを子どもたちと共有し、保護者にも教育観を伝える工夫をしていました。子どもの写真を掲載することで、保護者に「子どもをよく見てくれている」と感じてもらい、安心感を与えることができます。ただし、どの子どもも公平に紹介されるよう、注意を払っていたそうです。

また、ある教師は「保護者に電話をかけるときは、子どもの良いところを伝える絶好の機会だ」と話していました。彼によれば、「子どもが学校でどれだけ頑張っているかを伝えることで、保護者との信頼関係が深まる」とのことです。特に、電話で問題点だけを伝えるのではなく、良いところも伝えることで、保護者も安心し、前向きな関係を保つことができると強調していました。

子どもに対するポジティブなフィードバックを伝えることも保護者との信頼関係を築く上で非常に有効的です。電話では具体的なエピソードを交えて話すことがよいでしょう。例えば、「北口さんは、今日の授業で積極的に手を挙げてくれました」や「近藤さんは、友だちに優しく声をかけていました」といった実際の出来事を伝えると、保護者も子どもの成長を実感しやすくなります。さらに、その良い行動が学級や子ども自身にどんな影響を与えているかを伝えると、保護者はよりプラスに感じてくれるでしょう。例えば、「西村さんが友だちに優しくしてくれたおかげで、学級がとても温かい雰囲気になりました」や「三田さんの頑張りが、他の子どもたちにも良い影響を与えています」と伝えることで、保護者は子どもが学級で活躍していることを喜んでくれるでしょう。

私自身も保護者対応で意識しているのは「先手を打つこと」です。例えば、子どもに厳しく指導する場合は、あらかじめ前日に保護者に連絡し、「明日、友だちとのトラブルの件について厳しく指導させていただきます」と伝えます。その際、叱る理由と「きっと理解してくれるはずです」というプラスのメッセージを添えます。指導後はすぐに保護者に電話し、「昨日お伝えしたように、厳しく指導しましたので、家でフォローをお願いします」と伝えます。子どもは、叱られたくないために指導の内容を歪めて保護者に伝えることがあるかもしれません。そうなると、教師の意図が正しく伝わらず、誤解が生じるリスクがあります。その結果、教師は後手に回り、保護者対応が「受け身」になってしまう可能性があるのです。

保護者との関わりは難しいことも多いですが、基本は人と人との関係です。保護者は決して敵ではなく、教師が真摯に対応していれば、いざというときにはきっと味方になってくれるでしょう。「いい学級」と評される学級の教師たちの保護者対応には、保護者との関係を築くための多くのヒントが詰まっていました。そして、それに加えて、保護者一人ひとりに合わせた対応も非常に重要です。最終的には、「先生が担任で良かった」「いつもありがとう」と言ってもらえることが、保護者対応として成功だと、私は考えています。

条件

19

いい学級の教師は…

どんな子どもを育てたいかのイメージがクリアだ

「いい学級」と評される学級をつくっている教師は、どんな子どもを育てたいか、どんな学級をつくりたいかを具体的にイメージし、それを子どもたちと共有していました。

例えば、「明るく楽しい学級」という言葉を考えてみましょう。このままだと少し曖昧で、具体的にどんな学級なのかがわかりにくいですよね。そこで、「明るく楽しい学級」とはどんな学級なのかを、もう少し詳しく考えてみます。このとき、5W1Hを使うと便利です。5W1Hは、「誰が」「何を」「いつ」「どこで」「なぜ」「どうやって」という6つの質問を使って、物事を具体的にする方法です。これを使うと、抽象的な目標が具体的な行動や計画に変わり、何をすればいいのかが明確になります。

まず、「明るい」という部分を考えます。「明るい学級」とは、みんなが笑顔で、元気に過ごしている学級のことかもしれません。子どもたちが積極的に話しかけ合ったり、休み時間に一緒に遊んだりする姿が浮かびます。先生や友だちに対して明るいあいさつをするのも、「明るい学級」の一つの要素です。

次に、「楽しい」という部分を考えます。例えば、授業中にみんなが笑顔で学んでいる様子や、学級全体で楽しいイベントを企画し、みんなで協力して準備している場面が思い浮かびます。また、授業や行事だけでなく、普段の何気ない時間も楽しいと感じられる雰囲気も重要です。こうして、「明るく楽しい学級」という言葉を具体的にイメージすることで、目指すべき学級の姿が見えてきます。具体的なイメージを持つことで、次にどんな行動をすれば「明るく楽しい学級」に近づけるかが見えてきます。例えば、みんなで明るいあいさつを心がけたり、困っている友だちを助けたり、楽しいイベントを企画したりすることが考えられます。このように、最初は曖昧だった「明るく楽しい学級」という言葉も、5W1Hをもとに考えていくことで、どんな学級を目指すのかが具体的になっていきます。こうした思考を積み重ねていくことが大切なのです。他者と対話をしながら思考をブラッシュアップさせることも大切です。

学級には様々な背景や価値観を持つ子どもたちが集まります。そのため、考え方や感じ方も多様です。この多様性は新しい学びを生むこともありますが、意見の違いやトラブルの原因になることもあります。こうしたトラブルが起こったときに大切なのは、子どもたち自身が「理想の子ども像」や「理想の学級像」を理解し、その理想に基づいて自分たちでどう行動すべきかを考えられるかどうかです。例えば、意見が対立したとき、子どもたちが「どうすればみんなが納得できるか」「どう行動すれば学級が良くなるか」を考え、自分たちで解決に向けて行動することが求められます。これによって、学級全体がより良い方向に進んでいくことができます。

「いい学級」では、子どもたちがゆるやかにつながり合い、無理なく自然に支え合っています。このような学級では、安心して過ごせる雰囲気が広がり、みんなが生き生きとしています。子どもたちは自分で考えて行動し、友だちを傷つけるような言動はほとんど見られません。各学級でルールは異なるものの、共通しているのは、子どもたちが自らルールを守り、互いを大切にする雰囲気が育まれていることです。このようなつながりと雰囲気が、「いい学級」と呼ばれる学級の温かさと一体感をつくり出しているのです。

「いい学級」と評される学級をつくる教師は、その場そのときに応じた柔軟性を大切にし、決まった型にとらわれることなく、子どもたちと共に学級をつくり上げています。たとえ個々の子どもに課題があったとしても、学級としてのルールを尊重しつつ、それを絶対視せず、子ども一人ひとりに合わせた配慮を大切にしています。また、なぜそういった対応をしているのかを子どもたちに丁寧に説明していました。だからこそ、それぞれが自分のペースで過ごせるようになり、安心して毎日を過ごせていたのです。

こういったことを丁寧に積み重ねるからこそ、「いい学級」では、子どもたちがお互いに支え合い、個々の違いを尊重する姿勢が育まれていくのでしょう。

条件

20

いい学級の教師は…

まず 子どもを リードしている

教育現場には様々な二項対立が存在します。最近では、子どもの主体性を育むことが日本の教育において主流になりつつあります。その中で、「教師による教え込みは良いことなのか、それとも悪いことなのか」といった議論がよく見られます。教師による教え込みが子どもたちの主体性を抑えかねないという意見が増えている中で、「自由進度学習」が注目を集めるようになっています。

「自由進度学習」とは、子どもたちが自分の進度に合わせて学習を進めるスタイルです。子どもたちが自分たちで習熟度や興味に応じた課題を選び、自分のペースで学びを進めていきます。この教育方法の歴史は非常に古く、源流は江戸時代の寺子屋にまでさかのぼります。寺子屋では、子どもたちが自分の進度に応じて学ぶ仕組みがありました。そして、大正時代に「大正自由教育運動」の中で、子どもの自主性や個性を尊重する教育が重視され、「自由進度学習」が再び注目されました。著名な教育家である斎藤喜博氏も「自由進度学習」に取り組んだという記録が残されています。そして令和の今、「自由進度学習」は再々度脚光を浴び、子どもたちの主体性を育む教育方法として評価されています。そういった状況の中で、教師による「教え込む」という行為が、マイナスに捉えられるようになってきていると感じています。

学級づくりについて、森田・山田（2013）は「指導重視型」と「児童尊重型」の2つの方法に大きく分けられると述べています。「指導重視型」は、教師がルールをしっかり決めて、子どもたちにそれを守らせるやり方です。一方、「児童尊重型」は、子どもたちの意見を大切にし、みんなで話し合ってルールを決めていく方法です。

教師の教育観やスタイルによって、学級づくりは「指導重視型」や「児童尊重型」に分かれますが、年度のはじめはどの教師もまずは教師主導で学級づくりを始めることが多いです。これは、学級の基本的な秩序やルールを整えた後、子どもたちが自主的に行動できる環境をつくるためです。「児童尊重型」といっても、最初に教師がルールの枠組みをつくり、それをもとに子どもたちが話し合うことが多いのです。子どもたちにゼロベースから何もかもを委ねて学級づくりをすることは現実的ではないでしょう。つまり、子どもたちが自分たちでルールを決めているように見えても、その土台は教師がつくっているのです。

もちろん、どちらの方法にも良い面と悪い面があり、教師はそのバランスをうまく取ることが大切です。子どもたちにどれだけ自主性を持たせるか、またどれだけ指導を強めるかは、学級の状況や子どもたちに合わせて調整する必要があります。最終的には、教師と子どもたちが協力し合い、安心して過ごしながら学び、そして成長できる学級が理想とされます。では、「いい学級」をつくっている教師たちは、どうしていたのでしょうか。

実は、学年のはじめはどの教師も「教え込み」をする場面が多かったのです。ですが、「いい学級」と評される学級をつくる教師に話を聞いたり、学級を見せていただいたりする中で、私が想像していた「教師が一方的に知識を伝えて、子どもたちが受け身になる」という「教え込み」とは少し違うことがわかりました。むしろ、教師による「教え込み」が、子どもたちが自分で学ぶためのしっかりとした土台をつくる役割を果たしていたのです。

まず、学びの基本を教えることは、子どもたちが安心して学べる環境づくりにつながります。例えば、教室での秩序を保つために、教師が主導して学級のルールを教え込むことで、子どもたちは「この学級では安心して過ごせるんだ」と感じることができます。秩序ある環境が整えば、子どもたちは落ち着いて学習に取り組めるようになります。その上で子どもたちとルールメイキングを行っていたのです。

また、教師が子どもたちに「学び方」を教えていました。「学びのコントローラー」を教師から子どもたちに渡すために、まず教師が主導で、どうすれば自分で学びを進めていけるのか、その方法をレクチャーしていました。例えば、課題に取り組む順序や、疑問が生じたときの対処法など、学びを進める具体的なスキルを教えていたのです。これにより、子どもたちは自分のペースで主体的に学んでいく基礎的な力を身につけることができるのです。

さらに、学びの楽しさを子どもたちに伝えていました。授業の中で「こんなことを学ぶと、こんな面白いことができるよ！」や「実はこんなこともあったんだよ」という具体的な例や雑学を示すことで、子どもたちの興味を引き出すのです。これにより、「学ぶことって楽しいんだ！」と感じた子どもたちは、自ら進んで学ぼうとする意欲を持つようになります。

教師がコミュニケーションの方法を教える場面も多く見られました。これは、学級内に心理的安全性を育むためにとても重要なことです。例えば、グループで話し合うときや友だちと意見を交換するときに、傾聴すること、相手の意見を否定しないことなどを教師が子どもたちに伝えます。そうすることで子どもたちは対話のスキルを学びます。

さらに、学級内での立場が弱い子どもたちが毎日楽しく過ごせるようにするために、教師の積極的なサポートが必要です。例えば、その子が安心して活躍できる場をつくる。立場の弱い子の意見を吸い上げて学級内に下ろす。子どもたちが声をかけやすくなるように教師が間に入る。こういったことを積み重ねることで学級の雰囲気が良くなり、学級の多くの子どもが安心して毎日を楽しく過ごせるようになります。実際に、「いい学級」ではスクールカーストが見えにくくなっていることがよくあります。これは、学級内で子どもたち一人ひとりが伸び伸びと過ごせているからでしょう。

このように、教師がしっかりと「学び方」を教え、「学ぶことの楽しさ」を伝える。また、学級内に心理的安全性を保つために「人との関わり方」を教えることはとても大切です。むしろ「教え込む」というより、「伝える」と表現する方が適切かもしれません。子どもたちの主体性を育むための土台づくりとして、「教え込み」は必要です。しかし、「教え込む」が単なる知識の伝達だけで終わらないようにすることも重要です。

条件

21

いい学級の教師は…

学級のルールを子どもたちと決めている

「いい学級」と評される学級では、一見するとルールがあまりないように見えることが多かったです。しかし、実際には子どもたちが自然に規律を守り、穏やかに楽しく過ごしています。これは、ルールがしっかり浸透しており、子どもたちが主体的に生き生きと行動しているため、学級全体が落ち着いた穏やかな雰囲気に包まれているからです。

では、「いい学級」ではどのようにしてルールを定め、浸透させているのでしょうか。

多くの「いい学級」では、学級が始まるときに「絶対に守らなければならないルール」を最初に伝えています。このルールは、命に関わることや、いじめを防ぐために、どんなときでも必ず守るべき大切なルールであると子どもたちに伝えています。これ以外のルールについては、子どもたちと一緒に話し合って決めたり、教師がある程度決めたりと、教師によってやり方が少しずつ異なっていました。

ルールを決めるだけでは、子どもたちは「言われたことを守る」ことはできても、自分で考えて行動する力、つまり主体性が育ちにくいのです。主体的な子どもを育てるためには、ルールをつくる過程で子どもたちがもっと深く関わることが大切です。例えば、教師が「子どもたちが自分の意見を、自信を持って言えるようになってほしい」と考えている場合、まず子どもたちに「どうすればみんなが意見を言いやすくなるかな?」と問いかけます。子どもたちが「発言するときは、みんながちゃんと聞くべきだ」と意見を出したら、「いい学級」ではそれをルールにするだけではなく、「どうすればみんながちゃんと聞くようになるか」「そのルールをどう実行していくか」を一緒に考えます。こうして、ルールをつくるだけでなく、そのルールをどう守っていくかを子どもたちが自分で考えることで、ただ指示に従うのではなく、自分たちで学級を良くするためにどう行動すればいいかを考えるようになります。これが、子どもたちの主体的な行動につながる土台となっていたのです。

ルールメイキングで決めたルールが、日々の生活の中でちゃんと守られるようにするために、「ルールのシステム化」を行います。この段階では、ルールがただの言葉だけで終わらないように、具体的にどうやって守るかを考え、仕組みをつくります。例えば、「みんなが順番に発言できるように、発言の順番を決める」など、誰もがルールに従いやすくする工夫をします。また、ルールを破ったときには、どう対応するかも大事です。例えば、誰かが他の人の話を途中で遮ってしまった場合、その子に「どうして最後まで話を聞くことが大切なのか」を考えさせます。このとき、「いい学級」をつくる教師はただ注意するのではなく、子どもたちが自分で考える時間を大切にしていました。例えば、「他の人の意見を大切にすると、悲しい思いをする友だちがいなくなるよ」といった言葉をかけ、子どもたちが自分でどう行動すればいいかを考えられるように教師がサポートします。こうして、ルールがただ守られるだけでなく、子どもたちが自分の行動を見直し、自分で次にどうすればよいかを考える力が育ちます。

ルールがしっかり守られるようになったら、次はそのルールを日常の習慣にする「ルーティン化」を進めます。この段階では、ルールが自然に守れるようになることを目指します。例えば、教師が「明るく元気な子ども」を育てたいと考えているとします。そこで、朝教室に入るときに、学級の子どもたち全員が元気に「おはようございます！」とあいさつすることをルールにします。このルールを毎日毎日繰り返すことで、子どもたちは意識しなくても自然に明るく元気なあいさつができるようになります。最初は教師がリードして行いますが、やがて子どもたちが自主的にあいさつをするようになります。当然ですが、すぐにできるようになるわけではありません。「いい学級」と評される学級をつくる教師は本当に粘り強く、繰り返し実践し続けていました。この「しつこさ」も印象的でした。一方でたとえ「全員」が達成できなくてもいいといった柔軟さも見受けられました。こうして、子どもたちは明るく元気に行動することが習慣になり、教師が目指す理想の子ども像に近づいていきます。こうした習慣が身につくと、子どもたちは「自分らしさ」を出しながら規律ある言動を取るようになっていきます。

教師は常に「理想の子ども像」を心に描きながら、子どもたちと共に学級のルールをつくり上げていきます。この際、教師は一方的にルールを押しつけるのではなく、子どもたちが自ら考え、意見を出し合う場を提供します。こうして共につくり上げたルールは、子どもたち自身が納得しやすく、守る意識が高まるため、自然と習慣化されやすくなります。さらに、ルールの習慣化を図るプロセスは、子どもたちが自分自身の行動を見直し、より主体的に行動できるようになるための重要なステップです。この過程を通じて、子どもたちは自ら考え、自ら選択し、責任を持って行動する力が養われます。また、このようにして一人ひとりが主体的に動けるようになると、学級全体としての協力体制も自然と整い、より温かな学級の雰囲気が形成されていきます。

この文章を読んで、「いい学級」にするためには細かくルールを決めなければいけないのかと思った方もいるかもしれません。でも、そうとは限りません。細かくルールを決めるのが得意な先生にとっては、それが良い方法かもしれません。そういう先生は、明確なルールを細かくつくることで、学級の秩序を保ち、子どもたちが安心して行動できるようにサポートできるからです。

しかし、細かいルールをつくるのが苦手な先生が、無理にたくさんのルールをつくろうとすると、かえってそのルールに自分自身が縛られてしまうことがあります。例えば、ルールが多すぎて先生も子どもたちも混乱してしまったり、ルールを守らせることが目的になってしまったりして、子どもたちの成長をサポートするという本来の目的が見えなくなってしまうかもしれません。また、細かいルールが多すぎると、ルールが曖昧になってしまって、子どもたちがルールを守らなくてもいいと感じることもあります。これでは、学級の秩序が乱れてしまうかもしれません。

だからこそ、先生は自分に合ったスタイルでルールを決めることが大切です。無理なく続けられる範囲で、子どもたちと一緒にルールをつくり、学級をつくり上げることで、子どもたちが主体的に学び、成長できる環境を整えることにつながります。自分の強みを活かして、子どもたちと共に学級をつくり上げる。それこそ、子どもたちが毎日楽しく過ごすことにつながり、子どもたちの成長をしっかりサポートすることにもつながるのです。

条件

22

いい学級の教師は…

様々なことを「見える化」している

★教室で見つけた素晴らしい姿★
笑顔で友達をサポートする姿
一人で黙々と学習する姿
見える化！

「いい学級」では、様々なことを「見える化」していました。「見える化」とは、普段は目に見えにくい考えやルール、良い行動などを、誰にでもわかりやすく視覚的に示すことです。これにより、子どもたちはその価値や内容をより理解しやすくなり、学級をより良くするために自分自身をどう成長させていくべきかを考えるきっかけになっていました。似た言葉に「可視化」がありますが、こちらは必要なときに必要な情報を見られるようにすることを指し、「見える化」とは少し違います。「いい学級」と評される学級をつくる教師たちは、様々な方法でこの「見える化」を実践していました。

ある6年生の社会の授業では、「学び合い」が採用されていました。「学び合い」は、上越教育大学教職大学院の西川純氏が提唱したもので、子どもたちが互いに教え合い、自分たちで学習を進める授業スタイルです。この授業では、先生が子どもたちに課題を提示し、その課題をクラス全員で達成することを目指します。子どもたちは、わからないところを他の子に教えてもらったり、逆に教えたりしながら、自由に教室内を動き回って学び合います。「学び合い」は、単なる授業手法ではなく、「一人も見捨てない」という考え方に基づいています。その学級の教師は、テスト勉強のために、過去のテスト問題、教科書、資料集をたくさん用意し、子どもたちにそれらをじっくりと味わい尽くして学習に取り組むよう指示を出していました。テスト範囲は「武士による政治のはじまり」と「室町文化と人々のくらし」で、小グループで学び合っている子ども、教科書から問題を出し合っている子ども、テスト問題を解いている子ども、一人で黙々と学習を進めている子どもなど様々でした。活動中、教師は黒板に自分の教育観に基づいた子どもたちの素晴らしい姿を言葉で「見える化」し、たくさん書き込んでいました。そして、授業の終わりに、その言葉を子どもたちに伝えながら、彼らの行動に価値を持たせて共有しました。例えば、「苦手な人のために笑顔でサポートする」や「スタートがとても早くなった」など、子どもたちの成長を称える言葉が黒板にたくさん「見える化」されていました。

また、菊池省三先生の「価値語」や、鈴木優太先生の「価値モデルギャラリー」を取り入れて実践している教師もいました。これらの実践は、授業や日常生活の中で、子どもたちの良い行動や姿勢を写真や言葉で価値づけし、教室内に掲示して共有するものです。これにより、子どもたちは日常的に自分たちの行動を振り返ることができるようになりました。子どもたちが成長してくると、自分たちで「価値語」や「価値モデル」をつくり出し、タブレットを使って写真を撮影し、それを紹介してくれるようになる学級もありました。

学習スタイルを細かく具体的に「見える化」していた学級もありました。学び方を教室に掲示して「見える化」することで、子どもたちは日常的にそれを目にし、自然と自分たちの学びに取り入れるようになります。掲示物には、「一人で考える➡友だちと考える➡一人で考える」や「友だちと考える➡一人で考える➡友だちと考える」、「一人でじっくりと考える」など、具体的な学習スタイルが示されていました。これにより、子どもたちは自分に合った学習スタイルを見つけやすくなり、そしてそれが自然と彼らの中に内在化し、日々の学びに活かされるようになっていたのです。

「いい学級」と評される学級をつくる多くの教師たちは、「子どもたちは、教師の伝えたことを十分に理解していない。実際には、ほとんど伝わっていない」と感じています。口頭での説明が十分に伝わらないことが多いからこそ、子どもたちに言語化やイメージ化させるために、「見える化」が非常に大切なのです。実際に私の学級でも「見える化」を進めることで、子どもたちは忘れがちなことや理解しにくいことでも、日々の学びの中で繰り返し確認することができ、内在化が進んでいきました。さらに、時には子どもたちが教師の予想を超えた発想や提案をすることもあります。そんな主体的な姿勢を大いに褒めることで、どんどん教師の枠を超える発想や学びが生まれていくようになりました。これこそが、主体的に学ぶ子どもの姿なんだと、私は考えています。

条件

23

いい学級の教師は…

子どもに合わせて対応を変えている

「富山さんと頃橋さんはこの課題をやらなくてもいいよ」

「富士松さんと森さんは給食を残してもいいですよ」

と、人によって対応を変えることは問題ないのでしょうか。もちろん、問題ありませんよね。この数年で教師の考え方が大きく変わり、こうした対応に、違和感を感じる教師は少なくなってきたように感じています。以前は、全員に同じ対応をしなければならないという考えが一般的でしたが、今ではその考え方が変わってきています。

一方で、子どもたちは教師が人によって対応を変えることについてどう感じているのでしょうか。今でも「えこひいきをする先生は嫌い」という声をよく耳にします。つまり、教師が個別対応をする際には、その理由をきちんと説明しないと、子どもたちが納得しないかもしれないのです。

「いい学級」と評される学級をつくる教師たちは、子ども一人ひとりに合った対応をすることをとても大切にしていました。その学級の子どもたちは、教師がそれぞれに違った対応をすることについて「えこひいき」とは感じず、先生が必要なサポートをしていると理解していました。不満を抱いている子どもは見受けられませんでした。これは、4月から教師が「なぜ人によって対応を変えるのか」を丁寧に説明していたからだと考えられるのです。

私の学級でも、「えこひいき」と「配慮」の違いについて丁寧に説明しています。例えば、水泳が苦手な子には手を握ってサポートをしますが、水泳が得意な子にはサポートをしません。これが「えこひいき」なのかどうか、子どもたちに考えさせるようにしています。このように、4月から様々な「語り」を行い、一人ひとりの対応を変える理由を子どもたちが納得し、理解できるように努めています。これは決して特別扱いではなく、すべての子どもが自信を持ってどんなことにもチャレンジできるようにするための配慮であり、全員が安心して成長できる環境をつくるためのものだと粘り強く伝え続けています。先生が一人ひとりに合った対応をすることが「個別最適化」への第一歩となるのです。

「いい学級」では、ゆるやかな雰囲気が特徴的です。「いい学級」をつくっている教師たちは、「人によって対応が違うこと」を子どもたちに伝えるだけでなく、「みんなが同じじゃなくてもいいんだよ。人と違うからこそ面白いんだよ」といった、人と違うことを前向きに受け止めるメッセージを伝えています。こうして、子どもたちは教師が個別対応することに不満を感じることなく、「色々な人がいること」を自然に受け入れられるようになります。その結果、学級全体が一人ひとりの違いを尊重し合い、支え合う温かい環境が生まれているのだと考えられるのです。

そして、「いい学級」と評される学級をつくっていたある教師の言葉で、特に印象に残っているものがあります。それは、「『この子はできない』と思って接しないように気をつけている」という言葉です。教師がそう思って接すると、その考えが子どもたちにも伝わり、子どもたちも同じようにその子どもに接してしまう可能性があるからだそうです。そうなると、協力し合うというよりも、「この友だちには手を貸さなければならない」という意識が強くなり、対等な関係ではなく、お世話する・されるという関係になってしまう恐れが出てきます。これでは、子どもたちが互いに学び合い、支え合うという本来の目的から外れてしまいます。

こういった対応をしていくことで、学級の子どもたちは、子どもによって対応を変えることを「えこひいき」や「この子はできない子なんだ」と捉えるのではなく、「この対応がその子の成長にとって必要なんだ」と納得し理解するようになります。これにより、学級全体で個々の違いを尊重し合い、支え合う姿勢が自然と育まれていくのだと考えられるのです。

条件

24

いい学級の教師は…

個性的な子どもが孤立しないようにフォローしている

「いい学級」の特徴は、子どもたちがゆるやかにつながり合いながらも、集団としてしっかりまとまっていることです。多くの人が「いい集団」と聞くと、まず思い浮かべるのは「強い絆」や「深い関係」でしょう。確かに、それはそれで素晴らしいことかもしれません。しかし、濃密な人間関係は時として、異なる考えを受け入れにくくし、閉鎖的な雰囲気を生むことがあります。また、みんなと同じでなければならないというプレッシャーが強くなると、周りの目を気にしすぎて自分らしさを失ってしまうことにもつながりかねません。

「いい学級」の特徴である「ゆるやかなつながり」とは、お互いに無理に踏み込まず、それでいてひとりぼっちにもしない、ちょうどいい距離感を保った関係のことです。このバランスが取れているからこそ、子どもたちは安心して自分らしく過ごせるのだと考えています。

もし学級の中で、他の子どもと少し違う個性を持っている子どもがいたら、それは学級づくりにおいてチャンスなのです。様々な個性があるからこそ、学級全体が豊かになり、一人ひとりが成長していけるからです。だからこそ、学級には色々な個性が集まっていた方がよいのです。しかし、現実には個性的な子がいると、周りからからかわれたり、冷やかされたりすることがあるのも事実です。最悪の場合、いじめにつながってしまうこともあります。

では、「いい学級」をつくる教師たちは、どのように対応しているのでしょうか。その答えの一つは、教師のフォローにありました。例えば、誰かが学級で少し違う意見を言ったとき、教師がそれをうまく受け止め、フォローしていたのです。たとえ突然の意見に驚いたとしても、教師が「それは面白い考え方だね」や「そんな意見もあるんだね」と前向きにフォローすることで、学級全体がその意見を自然に受け入れやすくなります。また、このようなフォローがあると、子どもは自分の意見が大切にされたと感じ、自信を持つことができます。さらに、他の学級の子どもたちも「変わっている」と否定的に捉えるのではなく、「面白い意見だ」とポジティブに受け入れるようになります。こうして、子どもたちはお互いの個性を尊重し合う雰囲気を育むことができるのです。

逆に、教師が「今はそんなこと関係ないでしょう?」といった言葉で返してしまうと、その子どもは自信をなくしてしまうかもしれません。また、学級の中で「あの子は変わっている」と思われ疎外されてしまうかもしれません。だからこそ、教師は子どもの発言を否定せず、受け止め、フォローしてあげることが重要なのです。

さらに、「いい学級」をつくる教師はただ受け止め、フォローするだけではありませんでした。学級全体の議論から少しずれた意見が出たときも、「みんなと違う視点があるから、議論が豊かになるんだよ」と子どもたちに、みんなと違った考えや意見は素晴らしいことだということを、それぞれの言葉で伝え続けていたのです。こういった指導の積み重ねで、他の子どもたちも個性的な考えや意見を価値あるものとして受け入れるようになっていくのでしょう。こうして、子どもたちは「人と違うこと」を恐れず、それが学級の強みであると感じられるようになります。

このように、「いい学級」では、教師がどんな子どもであっても、一人ひとりの発言や個性を尊重し、前向きに受け止める姿勢を示します。一人ひとりの子どもがまず認められ、大切にされることで、学級全体においても互いの違いを尊重し合い、支え合う温かい雰囲気が生まれるのです。こうした雰囲気が醸成されることで、一人ひとりがさらに充実感を感じ、プラスのサイクルが回り始めるのでしょう。

条件

25

いい学級の教師は…

「自分らしさ」を大切にしている

「いい学級」をつくる教師たちは、何よりも「自分らしさ」を大切にしていました。「自分らしさ」と聞くと少し難しく感じるかもしれませんが、簡単に言えば、自分の得意なことを活かして学級づくりをしていたということです。

「自分らしさ」とは、教師が自分の性格や特技、興味をそのまま活かして教えることです。例えば、ユーモアが好きな教師なら、普段の指導や授業にちょっとした笑いを取り入れたり、音楽が得意な教師なら、歌や楽器を使って学級づくりや授業づくりをしたりすることで「自分らしさ」を発揮します。一方で、ユーモアを出すことが苦手な教師が、無理に笑いを取ろうとしたり、音楽が苦手な教師が、歌や楽器を使って学級づくりや授業づくりをしようとしたりするのは難しいでしょう。自分の得意なことなら続けやすいですが、そうでない場合、続けるのが難しくなるからです。学級づくりのポイントは、「継続できるかどうか」です。

例えば、絵本が大好きなある教師は、その情熱を学級づくりに存分に活かしていました。朝の会や国語の授業のすきま時間に、子どもたちに絵本の読み聞かせを行っていたのです。声のトーンや間の取り方を工夫しながら、まるで物語の世界に子どもたちを引き込むようにしていたその姿は、とても印象的でした。この教師が絵本を読み聞かせ始めると、子どもたちは目を輝かせ、話に夢中になり、教室全体が心地よい雰囲気に包まれました。

さらに、この教師は学級通信でも、よくおすすめの絵本を紹介していました。絵本を紹介する際には、その絵本との出会い、自分が特に感動したシーン、子どもたちに伝えたいメッセージを熱心に書いていました。ただ、この教師は、絵本のメッセージは読む人によって受け取り方が違うため、自分の価値観を押しつけすぎないようにとても慎重にメッセージを伝えていたと言います。保護者からは、「こんな素敵な絵本があるんですね」「子どもと一緒に読んでみます」といった反響も多く寄せられていたそうです。

また、教室には絵本コーナーが設置されていて、子どもたちは休み時間に好きな絵本を手に取って楽しんで読んでいました。教師が紹介した絵本を子どもたちが自主的に読んでおり、学級全体で絵本の魅力を共有する文化が自然と育まれていました。この教師は絵本が大好きで、絵本を心から楽しんでいるからこそ、その楽しさが子どもたちにも伝わり、教室文化の一つとして根づいていたのです。

しかし、多くの教室を見て回った経験から、「教育はこうあるべきだ」とか「同僚の目が気になる」という理由で、自分らしさを押し殺している教師も少なくありませんでした。勉強熱心な教師が、教育書や他の先生の実践例を見て、「これをやれば子どもたちのためになる」と思って取り組むことはよくあります。私もそうです。しかし、いざ実践してみると、なんとなく自分には上手にできないと感じることもあるでしょう。「自分の努力が足りないのかな？」と悩むこともあるでしょう。でも、もしかしたら、それは自分に合っていなかっただけかもしれません。

また、周りの目を気にしすぎてしまうと、「自分らしさ」を出せなくなってしまい、授業がぎこちなくなったり、子どもたちとの関係が自然でなくなったりすることがあります。これが学級を崩してしまう要因になりかねないのです。だからこそ、中堅の教師には、もちろん自分自身も含めてですが、若手教師が「自分らしさ」を大切にし、自分に合ったやり方で学級づくりに取り組めるよう、見守り、応援する存在であってほしいと、自戒の念を込めて言いたいのです。

教育には、色々なやり方がありますが、当然ながらすべての方法がすべての教師に合うわけではありません。自分にフィットしそうな方法や実践を見つけることが大切です。そして、自分に合うやり方で取り組むことで、子どもたちにとっても、教師にとっても毎日楽しく過ごすことができます。そして、子どもたちにとってより良い学びの環境をつくることにもつながるのです。

条件

26

いい学級の教師は…

しっかりと
教え込みもしている

私たちは、「子どもに委ねること」と「教師が教え込むこと」を対立するものとして考えてしまいがちです。しかし、実際にはどちらも必要であり、状況に応じたバランスが重要です。

例えば、社会性が欠けていると、どんなに個性があっても、ただのわがままだと見られてしまうことがあります。自分のやり方にこだわりすぎて他人と協力できなかったり、相手の気持ちを考えられなかったりすると、孤立してしまうかもしれません。社会では一人で生きていくことはできないため、集団の中でうまくやっていく力が必要です。自分の個性を大切にしつつ、他人と仲良くし、相手の意見を尊重することが求められます。社会性がないと、周りと衝突したり、誤解されたりすることが増えてしまいます。個性を大切にするだけでなく、社会性を身につけることで、自分らしさを保ちながら周りと調和し、みんなと一緒に成長していけるのです。

もちろん、子どもの主体性もとても大切なものです。しかし、狭い視野での主体性、つまり「自分の好きなことだけを選ぶ」という姿勢は、その子の成長を妨げることがあります。例えば、ある子が「バニラアイスが好きだから、他の味は食べない」と言ったとします。これはその子どもの選択ですが、本当にそれがその子どものためになっているかというと、そうではないかもしれません。ここで大事なのは、教師が他の味も教えて、実際に食べさせる機会を与えることです。その上で、子どもが自分でどのアイスを食べるのかを選ぶことが、本当の意味での主体性を育てることにつながります。教育の場面でも同じことが言えます。例えば、音読の楽しさを伝えるためには、まず教師が絵本の読み聞かせをしたり、音読のリズムや声の出し方を教えたりすることが必要です。こうして子どもたちが音読の楽しさを感じられるように導くのです。また、絵を描くことの楽しさを教えるときも同様です。最初に基本的な技法や表現の方法を教えてから、自由に描かせることで、子どもたちは自己表現の楽しさを感じられるようになります。文章の読解や分析も同じです。教師が最初に文章の構造や読み解き方を教えることで、子どもたちはそのスキルを身につけ、文章をより深く理解できるようになります。さらに、学んだことをクイズやゲーム形式でまとめるときも、最初に教師がやり方をしっかり教えることで、子どもたちは楽しみながら学びを整理するようになります。何も教えずにいきなりなんでもかんでも自由にさせてしまうと、子どもたちに失敗体験を積み重ねてしまうリスクもあります。

「いい学級」をつくる教師たちは、「子どもに委ねること」と「教師が教え込むこと」のバランスを上手に取っていたように感じます。もちろん、それぞれの教師の教育観は様々でしたが、特に4月や5月には、どの教師も子どもたちに学び方や社会性の基礎をしっかりと教え込むことに重点を置いていました。そして、その上で、少しずつ子どもたちの自由度を増やしていったのです。一方的に知識をトップダウン的に押しつけるのではなく、あくまで子どもたちが自分で考え、行動する力を育てるための「種まき」をしていたのです。

「いい学級」では、教師たちが目の前の子どもたちをよく観察し、「子どもに委ねること」と「教師が教え込むこと」のバランスを上手に調整していました。このアプローチが、子どもたちの大きな成長を助けていたのです。

現在の教育現場では、教え込むことに重きを置きがちですが、これからの社会を考えると、子どもに学びの主導権を委ねる方向へとシフトしていくことが必要です。しかし、だからと言って、教え込むことを恐れてはいけません。教師がしっかりと子どもたちと共に基礎を築くことで、子どもたちの主体性を育むことにつながります。

教育は「教師が教え込むこと」と「子どもに委ねること」のバランスを取ることが肝心です。どちらも必要な要素であり、そのタイミングを見極めて適切に取り入れることで、子どもたちは豊かに成長していけるのです。

条件

27

いい学級の教師は…

授業中の脱線も大切にしている

「いい学級」をつくる教師が行う授業は、大人でも思わず引き込まれるほど楽しいものでした。その授業は、子どもたちの考える力や理解を深めるだけでなく、知的好奇心を刺激する授業も多くありました。今回は、子どもたちの知的好奇心を刺激する授業の一例を紹介します。

授業では、教科書通りに進めるだけでなく、少し脱線して教科書に載っていない豆知識や小話を取り入れていました。こうした工夫をすることで、教科書の内容をそのまま伝えるよりも、子どもたちの興味を引いていました。また、授業に関連する面白いエピソードや雑学を交えると、「この先生の話は面白いかも」と思い、他の話にも自然と耳を傾けるようになるようでした。

例えば、ある教師は社会科の歴史の授業で、江戸時代にもサブスクのようなものがあったことを子どもたちに紹介していました。

「江戸時代にも、今のサブスクみたいな仕組みがあったんだよ。それが『損料屋』というお店で、今で言うレンタルショップやサブスクみたいなものなんだ。『損料屋』では、着物や日用品を使いたいときだけ借りることができたんだよ。必要なときだけ借りて使えるところが、今のサブスクと似ているよね。この『損料屋』は、特に庶民の人たちにとって、とても便利だったんだ。例えば、毎日使うものを全部買うにはお金がかかるし、しまっておく場所も必要だよね。江戸時代の人たちのお家は、そんなに広くなかったんだ。でも、『損料屋』を使えば、必要なときに必要なものだけを借りることができたから、お金も場所も節約できて、すごく助かったんだ。特に、季節ごとに違う着物や、特別なイベントで使う衣装なんかは、買うよりも『損料屋』で借りた方がずっとお得だったんだよ」

このように、授業の中で教科書に載っていない豆知識や小話を取り入れることが、学ぶことの楽しさを伝える上で非常に効果的であることがわかりました。子どもたちが知らなかったことを学び、新しい知識を得る喜びを感じると、それが学習への意欲につながっていったのです。こうした「学ぶことの楽しさ」を感じる経験は、子どもたちが自ら進んで学ぼうとする姿勢を育むための「種まき」となるのです。授業を通じて「もっと知りたい」「もっと学びたい」という気持ちが芽生えることで、子どもたちは主体的な学習者へと成長していくのです。

実際に、この授業の後、何人かの子どもたちが自主学習ノートに江戸時代の文化について熱心にまとめてくる姿が見られたそうです。彼らは、授業で聞いた話をもっと深く知りたくなり、自分で調べたことをまとめていたのです。このような行動は、まさに子どもたちが主体的に学ぼうとする姿を示しています。

また、こうした授業は保護者との信頼関係を築く上でも非常に効果的であることがわかりました。子どもたちが家に帰って「今日、先生がこんな面白い授業をしてくれたよ！」と嬉しそうに話すことで、保護者は「先生はただ教科書の内容を教えるだけでなく、子どもたちの興味を引き出してくれている」と感じ、教師への信頼感が高まるのです。

授業は、ただ知識を教えるだけの場ではなく、子どもたちに学びの楽しさを実感させる場になるべきです。教師が少しの工夫をするだけで、子どもたちの学習意欲を大いに引き出すことができます。教科書にない豆知識や小話を取り入れることで、学びがただの「勉強」ではなく、「発見と楽しさの時間」に変わり、子どもたちの主体性を大きく伸ばすことにつなげることができるのです。「いい学級」をつくる教師は「教え導く存在」ではなく、子どもたちの「主体性のスイッチを入れる存在」だったのです。

条件

28

いい学級の教師は…

威厳で信頼を得て親しみで安心感を与えている

ちょっと「隙」がある　×　尊敬できる

「いい学級」と評される学級をつくる多くの教師たちは、子どもたちととても親しい関係を築きながらも、しっかりと信頼されている姿が印象的でした。この絶妙なバランスが、「いい学級」をつくり上げる大きな要因なのかもしれません。では、一体どうしてこの絶妙なバランスが保たれているのでしょうか。

教師が豊富な知識を持っているのは当然のことです。子どもたちも、先生が多くの知識を持っていることを当たり前だと感じています。だからこそ、知識だけでは子どもたちから特別な尊敬を得るのは難しいでしょう。では、どうすれば尊敬を得られるのでしょうか。その答えは、子どもたちに「この先生にはかなわない」と思わせることです。単に教えるだけでなく、自分が得意とすることを通じて、子どもたちに「この先生、すごい」と感じさせる瞬間をつくることが、信頼と尊敬を築く鍵なのです。

例えば、授業中に子どもたちが驚くような専門的な知識を披露し、わかりやすく伝える。鬼ごっこで本気を出し、子どもたちを全力で追いかけて勝つ。また、特別な趣味や技術を見せることもいいでしょう。こうした「魅力」を通じて、子どもたちとの信頼関係が自然と深まるのです。

もちろん、教師と子どもはフラットな関係であるべきで、教師がすごいと子どもたちに思わせる進め方はどうなのか、といった意見もあるでしょう。私は教師の方が立場が上、子どもの方が立場が下と言っているわけではありません。あくまでも役割として教師は子どもを育てる立場にあるということです。

「いい学級」と評される学級をつくる教師は、4月の早い段階から「魅力」を大なり小なり子どもたちに示し、信頼を築いていたのです。彼らは、自分の強みを活かしながら、子どもたちに尊敬される存在となっていたのです。良くも悪くも教育は子どもたちのマインドを変える営みでもあります。だからこそ、何を言うかではなく、誰が言うかといった視点が大切なのです。

一方で「いい学級」と評される学級をつくる教師には、どこか「隙」がありました。完璧ではないその部分が、子どもたちに親しみを感じさせるポイントになっていたのです。例えば、授業中に漢字を間違えて書いてしまったとき、ある教師は子どもたちから「先生、間違えてるよ!」とすぐに指摘されました。そのとき、教師は「あー、ごめん。ありがとう。助かったよ!」と素直に感謝の気持ちを伝えていました。この何気ないやり取りから、教師の人間らしさと親しみやすさが子どもたちに伝わっていたようです。

一方で、ミスをしたときにごまかしたり、「偉そうに言うな」と子どもたちを注意したりする教師もいます。このような対応は、子どもたちとの関係を悪化させてしまうきっかけとなります。教師が自分の間違いを認めることで、子どもたちは「この先生は信頼できるし、私たちの話をちゃんと聞いてくれる！」「先生でも間違えるんだね」と親しみを持ってもらいやすくなります。もちろん、わざと間違える必要はありません。たくさん間違えることは避けるべきです。でも、間違えたときの対応が大切なのです。

教師に少し「隙」があることで、子どもたちは「この先生は親しみやすい」と感じます。その親しみやすさが子どもたちとの信頼関係を築き、学びの場を楽しくし、学級に安心感をもたらします。結果として、教師への信頼が深まり、子どもたちは安心して毎日を過ごせるようになります。

条件

29

いい学級の教師は…

子どもに「自己選択」をさせている

人はどういったときに幸せを感じるのでしょうか。西村・八木（2020）の調査では、健康や人間関係の次に「自分で決めること」が幸せにつながる大切な要素だということが述べられています。お金や学歴よりも、自分で選んだことに満足できることが幸せを感じるポイントなのです。一方、学校では子どもたちに「自己選択」をさせる機会が少ないのが現状です。「いい学級」と評される学級をつくる教師には、子どもたちに「自分で選ぶ」機会をたくさん与えているという共通点がありました。しかし、多くの学校、学級ではまだまだ子どもたちが「自分で選ぶ」場面が少ないと感じています。では、なぜ多くの学校で子どもたちが「自己選択」する機会が少ないのでしょうか。それは、これまでの学校教育が子どもたちを管理することを優先してきたからです。では、「いい学級」と評される学級をつくる教師はどういった場面で子どもたちに「自己選択」をさせていたのでしょうか。

ある教師の算数の授業でのことです。単元は「分数」。この教師は、いつも子どもたちが自分で考え、学ぶことを大切にしています。この日も同じように、教師はまず「分数とは何か」を簡単に説明しました。「分数は、全体をいくつかの部分に分けたときの一部をあらわすものなんだよ」と話しながら、「分子」と「分母」の意味も教えました。また、「分母が同じ分数の比較」や「分数の足し算・引き算の方法」についても、基本的な部分をさらりと説明しました。説明が終わると、教師は子どもたちにプリントの課題を出しました。「$\frac{2}{4}$と$\frac{3}{4}$、どちらが大きいかな？」「$\frac{1}{4}$＋$\frac{3}{4}$はどうやって計算するんだろう？」子どもたちはすぐにグループに分かれ、楽しそうに問題に取り組み始めました。あるグループでは、一人の子どもが「分母が同じなら、分子を見て決めればいいんだよ」と友だちに教えていました。別のグループでは、「分数の足し算は、分母が同じときは分子を足せばいいんだ」と、自然とアドバイスが交わされていました。子どもたちはお互いに教え合いながら、少しずつ理解を深めていきました。もちろん、一人で黙々と課題に取り組む子どももいました。そのうち、課題をクリアした子どもは、もっと難しい問題に挑戦し始めました。

　この教師は、子どもの探究心を刺激するために、単元の系統やつながりをしっかりと考慮し、次の学年で学ぶ内容や中学入試レベルの問題も準備していたのです。これにより、基本的な理解が深まった子どもたちが、さらに高度な内容に自然と挑戦できるように、授業を計画的に進めていたのです。こうした準備は、単元が次の学習内容とどのように関連しているかを意識させ、子どもたちの学びを広げる効果を生んでいました。

　授業中、この教師は子どもたちが主体的に学んでいく様子を温かく見守りつつ、必要に応じてサポートしていました。しかし、基本的には子どもたち同士で問題を解決することを尊重していました。その結果、教室には自然と活気が生まれ、子どもたちは自主的に学び合っていたのです。このようにして、子どもたちは自分のペースで分数を理解するようになり、仲間と協力しながら楽しく学習を進めていくようになるのです。この授業のポイントは、子どもたちに「自己選択」の機会がたくさん用意されていたことです。

「いい学級」と評される学級をつくる教師は、授業以外の場面でも「自己選択」を尊重する機会が多く見られました。例えば、何かトラブルがあったときには、教師が「次にどうする？」「どうすれば良かったのかな？」と子どもたちに選択を促していました。教師が一方的に指示するのではなく、子どもたちが時間をかけてでも自分で選び、決めることを大切にしていると言っていました。

しかし、このような「自己選択」を実現するためには、教師自身の考え方を変える必要があります。教師は、子どもたちを「教え導く存在」ではなく、子どもたちが自分で選び、成長できるような環境をつくる「教育環境デザイナー」としての役割を担うべきです。そうすることで、子どもたちは自分で考え、選ぶ力を身につけることができるのです。

条件

30

いい学級の教師は…

学びに遊びがある

「いい学級」と評される学級をつくる教師は、単に知識を教えるだけではなく、子どもたちが楽しく主体的に学べる環境をデザインしていました。この「教育環境デザイナー」としての役割は、子どもたちが自分で考え、選び、行動する力を育てるためにとても重要です。こうした教師は、「学び」に「遊び」を取り入れることで、子どもたちが積極的に学習に取り組むように工夫していました。

ある学級では、「分数バトルロワイアル」という計算ゲームに取り組んでいました。この学級の子どもたちは32人で、子どもたちを8つのグループに分けていました。それぞれのグループ内で予選ラウンドを行い、グループ内の順位を決めていました。

予選ラウンドでは、各プレイヤーが順番にサイコロを2回振ります。最初のサイコロで出た数字が分子、次に出た数字が分母となり、これでプレイヤーは自分の「分数クリスタル」を手に入れます。さらにもう一度サイコロを2回振り、2つ目の「分数クリスタル」を手に入れます。そして、この2つの分数クリスタルを足して「エナジーポイント」を計算します。このエナジーポイントがプレイヤーの戦闘力となります。グループ内で最も高い「エナジーポイント」を獲得したプレイヤーが決勝トーナメントに進みます。決勝トーナメントでは、予選ラウンドの各グループの勝者がトーナメント形式で対戦し、学級の

「チャンピオン」を決めます。

このゲームの魅力はゲーム感覚で算数を楽しめることです。ただ計算の練習ができるだけでなく、運も試されるので、どんな子どもにも勝利のチャンスが出てきます。また、ルールのアレンジが簡単なので、様々な場面で活用できる汎用性の高さも魅力です。

また、「音読コンテスト」を行う教師もいました。これは、誰が一番間違えずに長く読み進められるかを競う活動です。競争を通じて、子どもたちは自分の限界に挑戦し、達成感を味わうことができます。私もこのコンテストを実践していますが、子どもたちに大人気です。音読の宿題が形骸化しないようにするためにも役立っています。

さらに、ある学級では、子どもたちが自分たちで参考書や問題集を作成し、クラス全体で共有して学び合う活動が行われていました。子どもたちは、他の子どもにわかりやすく内容を伝えるために自分の考えを工夫してまとめたり、イラストを使ってまとめたりしていました。子どもたちは学んだことをアウトプットすることで理解を深めていました。

一方で、「活動があっても学びがないのではないか」と感じる人もいるかもしれません。確かに、教師が授業に「遊び」を取り入れる際には、教育的な意義をしっかり保つことが大切です。「遊び」は単なる楽しみではなく、学びを深める手段として活用されるべきだからです。例えば、体育の体づくりのサーキットトレーニングでは、子どもたちはいくつかの異なる運動をステーションごとに回りながら行います。ジャンプ、腹筋、腕立て伏せ、バランス、ダッシュなど全身を使った運動を順番にこなすことで、体力をバランスよく向上させることができます。これらの運動は一見すると「遊び」のように見えるかもしれませんが、実際には持久力や筋力を養うための意図的な学習活動です。これを各教科の学習に当てはめるとイメージが湧きやすいでしょう。

また、「学び」をどう捉えるかによって、活動の見え方は変わります。学びを単に知識の習得だけでなく、自ら主体的に課題解決に取り組むことと考えると、活動の意義がより明確になります。そのため、「面白くて、気がついたら取り組んでいた」というような仕掛けをつくることが重要です。

私は今回述べたような視点をもとに「自由進度学習」を実践しています。まず、1時間の授業をこの考え方でデザインし、うまくいけば、子どもたちに学びの主導権を任せる時間を徐々に増やしていきます。最終的には、1単元全体を子どもたちに委ねることを目指しています。

このような工夫が、子どもたちの主体性を引き出す鍵となると、私は考えています。

条件

31

いい学級の教師は…

やらせっぱなしにしていない

「いい学級」をつくる教師は、子どもたちが何かをした後、やらせっぱなしにさせることがほとんどありませんでした。子どもたちに何かをさせたら、評価を行っていたのです。評価というと少し難しく感じるかもしれませんが、子どもたちが何かをした後には、その結果に対して、フィードバックをしていたのです。もちろんすべての場面で行っていたわけではありませんが、その数の多さが特に印象的でした。

「おー!」「ナイス!」「おしい!」といった軽いリアクションから、「ここはよくできているね」「この部分をもう少し工夫するともっと良くなるよ」といった具体的なアドバイスまで、様々な形で子どもたちの取り組みに応えていました。こうしたフィードバックを通じて、子どもたちは自分が認められていると感じ、どこが良かったのか、どこをさらに伸ばせるのかを理解することができたのです。

さらに、教師が次にどうすべきかを一方的に決めるのではなく、子どもたちと一緒に考える場面も多く見られました。授業で使ったノートや宿題の提出物についても、教師は「何が良かったと思う?」「次にどうしたらもっと良くなる?」といった質問を通じて、子どもたちと一緒に振り返りを行っていました。

また、教師が優れていると判断したノートや宿題の内容は、教室に掲示したり、学級通信に掲載したりして他の子どもたちに共有していました。その際、教師はどの部分が特に良かったのかを具体的に伝えます。ただし、自分の価値観を押しつけすぎないように注意していると言う教師もいました。過度に教師の価値観を伝えると、子どもたちの主体性が失われる恐れがあるからです。

また別の教師は、ふせんを使って子どもたち同士で相互評価をさせることもしていました。これにより、子どもたちはお互いの取り組みを評価し合い、自分の行動や考え方を見直すことができるのです。このような相互評価の場は、子どもたちが自分の学びをより深く理解し、成長していくために非常に効果的です。

「いい学級」をつくる教師は成果物だけでなく、授業中の発言や他の子どもを助ける行動など、望ましい行為についても細かく評価していました。こうした行動を学級全体で共有することで、他の子どもたちにとっても良い手本となります。そして、学級全体の雰囲気がポジティブになり、子どもたちの規範意識も高まります。

様々な「いい学級」を参観して、特にポイントだと感じたのは、子どもたちが自分自身の行動や成果を「自分事」として捉え、自己評価する機会を持つことです。これは、子どもたちが単に指示に従うだけでなく、自分で考え、判断する力を育むための重要なプロセスです。教師と一緒に「何が良かったのか」「次にどう改善すべきか」を振り返ることで、子どもたちは次に進むべき方向を自分で見つける力を養います。このような振り返りの時間を通じて、子どもたちは自分の学びや行動をより深く理解し、次のステップに向けて具体的な目標を立てることができるようになります。

さらに、友だち同士で相互評価を行う機会も重要です。友だちとの相互評価では、お互いの良いところや改善点を指摘し合い、学び合うことができます。これにより、子どもたちは自分の考えや行動を他者の視点から見つめ直し、他者からのフィードバックを通じて自分の成長につなげることができます。このプロセスを通じて、子どもたちは単に自己評価をするだけでなく、他者の意見を取り入れながら、自分の成長を実感できるようになります。

このような自己評価のプロセスや相互評価は、子どもたちのメタ認知力を高めるために非常に効果的です。メタ認知力とは、自分自身の考え方や行動を客観的に見つめ、調整する力です。これが身につくと、子どもたちは自分で問題を解決し、より効果的に学ぶことができるようになります。こうして、子どもたちの主体性が育まれると同時に、教師の価値観とも調和していくのでしょう。

条件

32

いい学級の教師は…

「語り」がうまい

「いい学級」と評される学級をつくる教師が行う「語り」は、子どもたちを強く引きつけるものでした。子どもたちが自然に興味を持ち、耳を傾け、やる気スイッチが入るような「語り」をしていたのです。そこで、私はその「語り」について様々な教師に聞き取りをし、分析することで、教師の「語り」がどのように教育的効果を発揮しているのかを考えてみました。

教育現場で、教師が子どもたちにどのように価値観を伝えるかは非常に重要なことです。

例えば、トンネル工事を例に考えてみましょう。

①「トンネル工事を手伝ったら報酬金をあげる」
②「トンネル工事を手伝わなかったら罰を与える」
③「何も言わずにとにかくトンネル工事をしなさい」
④「トンネル工事がうまくいくと、今よりも早く隣の村に行けるようになります。そうすると、村同士の交流が増え、お互いに助け合える機会が広がり便利になります」

もし、あなたがトンネル工事をするとして、この①から④の言葉の中で、どれに納得し、心を動かされるでしょうか？　人を動かすには様々な方法があります。例えば、①のように報酬金を与えてやる気を引き出す方法や、②や③のように力を使って強制する方法です。人権的な問題はあるでしょうが、これらが必ずしも間違っているわけではなく、状況によっては必要になる場合もあるかもしれません。しかし、報酬金がなくなれば人々はやる気を失い、無理にやらされた人々は、リーダーに不満を抱くかもしれません。

本当に人の心を動かすのは④だと考えられるのです。「なぜトンネル工事が必要なのか」「トンネル工事が終わったらどんな良いことがあるのか」を人々に語り、未来への希望をイメージさせることです。そうすることで、人々は自分の行動に意味を見出し、自ら積極的に取り組むようになります。教室の子どもたちも同じです。子どもたちを成長させるためには、彼らの価値観を何かしらプラスに変えることが大切です。そのために重要なのが「語り」です。「いい学級」と評される学級をつくる教師たちは、「間接的な語り」と「直接的な語り」の2つの「語り」を使い分けていました。

まず、「間接的な語り」について説明します。これは、教師が絵本の読み聞かせや新聞、雑誌、書籍などを通じて、価値観を子どもたちに間接的に伝える方法です。教師が伝えたいメッセージを、物語や記事を通して子どもたちに届けます。これにより、子どもたちは物語や記事の中から価値観を学びます。この方法は、押しつけがましくなく、子どもたちが自分のフィルターで価値観を受け入れることができます。しかし、間接的であるために、教師の伝えたかったメッセージが十分に伝わらなかったり、そもそも絵本に教師の価値観を乗せるべきではないといった意見があったりしました。

次に、「直接的な語り」についてです。これは、教師が自分の経験や読んだ本をもとに、価値観の重要性を子どもたちに直接伝える方法です。ただし、一方的に価値観を押しつけるのではなく、子どもたちにも考えさせることが大切です。例えば、「語り」の途中で「どう思う?」「どうしたらいいと思う?」と問いかけることで、子どもたちが教師の「語り」を「自分事」として捉え、それを行動に結びつけようとする意思を持つようになるのです。

もちろん、すぐに変わるわけではありませんし、1年間語り続けても全く変わらない子もいるかもしれません。しかし、それが自然なことなのです。短期間で一気に子どもたちの価値観が変わるのは、一種のマインドコントロールのようなものです。教師が人生の教訓、価値観など、様々なことを「語る」ということは、子どもを変えるためではなく、子どもが自ら考え選択する力を育むための材料であるべきなのです。教師が語りかけるときは、その価値観を押しつけず、子どもたちの道しるべとなるよう心がけることが大切です。

条件

33

いい学級の教師は…

意図的に抽象的な指示を出したりもする

2学期以降に参観した「いい学級」と評される学級では、教師の指示がとても抽象的でした。指示は具体的にするべきだと思っていた私は少し驚きました。「いい学級」と評される学級では、子どもたちが自分で考える機会がたくさん与えられていたのです。教師はあれこれと細かく指示を出すのではなく、子どもたちが自分で考え、行動できるように促していたのです。

「いい学級」と評される学級の教師に話を聞いたところ、学年当初は学び方や礼儀作法、学級の基本的なルールを具体的に教えることが多いとのことでした。また、子どもたちの心理的安全性を確保するためにも、教師がリーダーシップを発揮することが重要だと言う教師もいました。この時期の指導は「ティーチング」と呼ばれ、教師が必要な知識やスキルを詳しく教えるものです。しかし、日が経つにつれて、教師の指示は次第に抽象的になっていきます。つまり、具体的な指示が減り、「どうすればいいと思う?」といった質問が増えていくのです。この変化は、子どもたちが自分で考える力を育てるための「コーチング」に切り替わっているためです。「コーチング」は、教師は答えを直接教えるのではなく、子どもたちが自分で考えて解決策を見つける手助けをします。これにより、子どもたちの自分自身の判断で行動する力を育てることができるのです。

当たり前ですが、例えば「飛行機を飛ばすにはどうすればいい？」と聞かれても、飛行機の知識がなければ全く答えられないのと同じです。最初は基礎的な知識や技術を身につけるためには具体的な指示が必要です。しかし、知識や技術がある程度身についてきた後は、抽象的な質問を通じて自分で考える力を養っていくことが大切です。このように、ティーチングとコーチングをうまく使い分けることで、子どもたちの知識や技術と自分で考える力を育てることができるのです。

もし1年間ずっと具体的な指示を続けてしまうと、子どもたちは「指示待ち」の受け身が当たり前になってしまう恐れがあります。しかし、十分な知識やスキルを身につけた後に、コーチング的なアプローチを取り入れることで、子どもたちは「自分事」として様々な問題を捉え、主体的に行動するようになります。このアプローチは、SL理論（シチュエーショナル・リーダーシップ理論）とも一致しています。私は、子どもの成長とSL理論を組み合わせ、教師が子どもの成長度合いに応じてS1からS4を見極め、指導スタイルを変えることが重要だと考えています。

SL（シチュエーショナル・リーダーシップ）とは、「状況に合わせたリーダーシップ」と訳され、タイプに合わせて、次のような4つのリーダーシップの型が示されています。

S1　指示型・教示型：組織の成熟度が低い状態➡具体的に指示を出す
S2　コーチ型：組織の成熟度が高まりつつある➡説明し、疑問に答える
S3　援助型：組織の成熟度が高まっている➡仕事を任せて、支援する
S4　委任型：組織が自立してる➡権限を譲渡して任せる

つまり、学年のはじめには具体的な指示を与え、子どもたちが学び方や礼儀作法、学級の基本的なルールをしっかりと理解できるようにします。そして、子どもたちの理解度が上がってきたら、自分で考えさせるために、少しずつ指示を抽象的なものに切り替えていくのです。もちろん、発達に課題を抱える子どもには、引き続き具体的な指示が必要な場合もあります。大切なのは、子どもたちの主体性を育むために、適切なアセスメントを行うことです。その際、SL理論は非常に有用な指針となると、私自身は感じています。

「いい学級」をつくるためには、子どもたち一人ひとりの主体性がどれだけ発揮され、毎日を楽しく自分らしく過ごせるかがポイントです。「いい学級」の教師が使っていた声かけには、そのヒントがたくさん詰まっていました。

条件

34

いい学級の教師は…

自分を
変えようとしている

「いい学級」と評される学級をつくる教師には、いくつか共通する特徴がありました。その中でも印象的だったのは、自分のやり方が特別に優れているだとか、自分が他の教師よりも優れていると考えていなかったことです。彼らは確かに、たくさんの時間をかけて努力し、色々な知識や技術を身につけてきました。だからこそ、自信は持っていましたが、それでも「自分はすごい教師だ」と思い上がっている様子は全くありませんでした。むしろ、「学べば学ぶほど、まだ知らないことがたくさんある」「知識が増えるほど、逆にわからないことも増えていく」と口をそろえて言っていました。

このような謙虚な姿勢は、「ダニング=クルーガー効果」と密接に関係しています（図4）。「ダニング=クルーガー効果」とは、知識やスキルが少ない人ほど、自分の限界に気づかず、自分を過大評価してしまう現

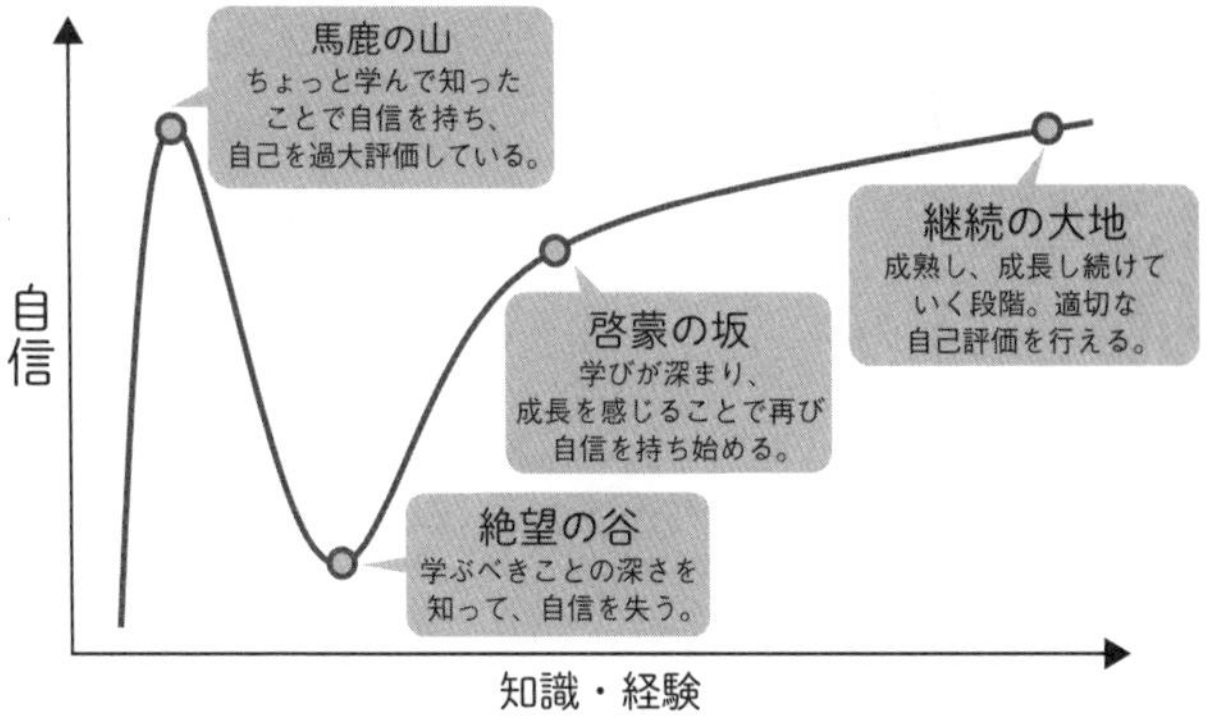

図4　ダニング=クルーガー効果の曲線

象です。特定の教育実践が素晴らしいと感じたり、それを推進する教員に強く憧れたりすると、この現象が起こりやすくなります。結果として、同じグループや集まりの中だけで学び続け、他の教育観や方法に触れる機会が減り、その実践が正しいと信じ込むようになってしまうのです。こうした状況では、「エコーチェンバー現象」に陥るリスクが高まります。「エコーチェンバー現象」とは、同じような考えや意見ばかりが集まり、異なる意見が排除される現象です。特に現代では、SNSの影響により、同じ考えを持つ人たちの意見が集まりやすくなり、この「エコーチェンバー現象」が強まる傾向があります。その結果、自分の実践や考えが絶対に正しいと信じ込んでしまうリスクがさらに高まります。

熱心な教師ほど、名声のある方法や成功者の実践、流行の教育手法に惹かれ、自分の学級の子どもたちに本当に合っているかどうかを考えずに、盲目的に取り入れてしまうことがあります。例えば、学級で問題が起きたとき、「この子どもたちの態度をもっと良くしなければ」と考え、自分の指導方法を変えることなく、指導を強めて子どもたちを自分の理想に近づけようとしてしまうことがあるのです。しかし、こうしたアプローチは、子どもたちとの関係を悪化させ、最悪の場合、学級崩壊に至ることもあります。多くの場合、こうした教師たちは自分が正しいことをしていると無意識に思い込んでいるため、事態をさらに悪化させることも少なくありません。

一方、「いい学級」と評される学級をつくる教師たちは、こうしたリスクを理解し、流行や名声に流されることなく実践を学び続け、自分自身や子どもたちの状況に合った方法を慎重に選び、カスタマイズしていました。「いい学級」と評される学級の教師は子どもを無理に変えようとせず、自分自身を変えて現状を変えようとするのです。例えば、「どうすれば子どもたちがもっとやる気を出せるだろう?」とか、「もしかしたら自分の教え方に問題があるのでは?」と考え、自分の指導方法を少しずつ見直していくのです。教師たちは、「まずやってみる」ことを大切にしていました。完璧な準備を整えるよりも、まず行動し、その結果を見ながら改善策を見つけるのです。新しい教え方を試してみて、うまくいかなければその都度調整していく。こうして、実際の状況に合わせた柔軟な対応ができるようになります。これこそが、彼らが「いい学級」をつくり続ける秘訣なのかもしれません。

このように、教師自身が変わることで、子どもたちも自然と変わり、学級全体がポジティブな方向に進んでいくのです。「いい学級」をつくるためには、教師がまず自分を変え、とにかくチャレンジしてみる。そして行動しながら学び続けることが大切なのです。

条件

35

うまくいっていない学級の教師は…

子どもを
見ていない

これまで「いい学級」について考えてきましたが、最後にその反対の状況にも触れておきたいと思います。様々な学級を見てきた中で、残念ながらうまくいっていない学級もいくつかありました。そうした学級にも共通する教師の特徴が見られました。

まず、頼りにならない「ゆるゆる教師」は、優しさが行き過ぎてしまい、しっかりとしたリーダーシップを発揮できないことが多いです。彼らは、子どもたちを厳しく叱ることを避け、子どもたちが傷ついたり、子どもたちから嫌われたりするのを恐れて、問題が起きても見過ごしてしまうことがあります。その結果、子どもたちがルールを守らなくても叱られることがなく、学級内の秩序が崩れていきます。子どもたちは「どうせ叱られない」と感じて自由に振る舞い始め、次第に学級全体がまとまりを失います。ルールが曖昧になることで、自己中心的な行動が増え、トラブルが頻発するようになるのです。教師がリーダーシップを取らないと、学級が混乱し、子どもたちが安心して学べる環境が失われてしまいます。

ただし、こうした教師の学級でも稀に、子どもたちが自律的に行動することで大きく成長することがありますが、それは例外的なものです。

次に、「ガミガミ教師」についてです。このタイプの教師は、ルールを守らせることに強いこだわりを持ち、学級をしっかりと統制しようとします。しかし、その過程で子どもたち一人ひとりの気持ちや意見を十分に聞かず、ルールを守ることを最優先にしてしまいます。ルールを少しでも破る子どもがいると、すぐに厳しく叱りつけ、強い口調で指導します。その結果、子どもたちは「何をしても怒られる」と恐れるようになり、教師に心を閉ざしてしまいます。これにより、コミュニケーションが不足し、子どもたちの不満やストレスが溜まっていきます。やがて、子どもたちの反抗的な態度が増え、学級全体の秩序が崩れてしまうことがあります。教師はルールを守らせることで子どもたちのためになると考えていたのに、その厳しさが逆に子どもたちの心を遠ざけ、学級のまとまりを失わせてしまうことがあるのです。

最後に、「近寄りがたい教師」についてです。これは例えば、清潔感に欠けていたり、体臭や口臭が気になったりすることで、子どもたちは自然と距離を置いてしまいます。また、脈絡なくすぐに怒る、話がわかりにくく退屈、子どもたちの顔を見ずに小さな声で話すなどの行動も、親しみを感じにくくさせます。学年のはじめに「この先生は近寄りがたい」と感じられると、その後の学級づくりが難しくなります。子どもたちが「この先生には太刀打ちできない」と感じると、見えない形で反抗的な態度を取りやすくなり、逆に

「反発しても問題ない」と思われると、目に見える形で反抗的な行動が増えてしまいます。こうなると、学級のルールが守られなくなり、秩序が次第に崩れていくのです。

これらの事例からわかるのは、ほとんどすべての教師が子どもたちのことを考えて教育活動を行っていたということです。決して悪意があったわけではありません。しかし、子どもたちを見ていなかったのです。子どもの気持ちを十分に理解せずに指導を進めた結果、すれ違いが生じ、学級の心理的安全性を確保できなかったことが、学級がうまくいかなくなった大きな要因の一つでした。この本でも繰り返し述べてきたように、心理的安全性の確保は学級づくりの基盤です。それを築くためには、教師と子どもたちとのつながり、そして子どもたち同士のつながりが非常に重要です。

一方で、こうした問題は教員の資質の問題として語られることもありますが、多くは教師自身の努力によって改善できる部分でもあると感じています。私もこの点を意識しながら、日々学級づくりに取り組んでいます。

参考文献・参考資料

第1章

- チームが機能するとはどういうことか――「学習力」と「実行力」を高める実践アプローチ（英治出版）エイミー・C・エドモンドソン著・野津智子訳（2014）
- 恐れのない組織――「心理的安全性」が学習・イノベーション・成長をもたらす（英治出版）エイミー・C・エドモンドソン著・野津智子訳・村瀬俊朗解説（2021）
- 鍛え・育てる―教師よ！「哲学」を持て（日本標準）深澤久（2009）
- 授業の腕をあげる法則（明治図書）向山洋一（1985）

第2章

- スクールカーストの正体―キレイゴト抜きのいじめ対応―（小学館）堀裕嗣（2015）
- ポリヴェーガル理論で実践する子ども支援
  ――今日から保護者・教師・養護教諭・SCがとりくめること（遠見書房）伊藤二三郎（2022）
- 岩瀬直樹　いわせんの仕事部屋　「共同修正」。(2015.10.3)
  https://iwasen.hatenablog.com/entry/2015/10/03/182716

第3章

・ニフティキッズ　みんなのホンネ 調査レポート「先生」（2021）

・目立つ静かな荒れ　新潟日報　赤坂真二（2014）

・Q-U による学級経営スーパーバイズ・ガイド　小学校編（図書文化社）河村茂雄ほか（2004）

・学級経営に影響を及ぼす教師：児童関係に関する質問紙調査
教育学研究年報　pp.23-37　森田純・山田雅彦（2013）

・戦前期における斎藤喜博の教育実践の形成と大正新教育の影響
教育学研究　pp.358-365　野瀬薫（1995）

・幸福感と自己決定―日本における実証研究（改訂版）
RIETI Discussion Paper　西村和雄・八木匡（2020）

・アキ　物理教育の現場から
【担任の型】ＳＬ理論とリードマネージメント理論（2019.5.13）
https://buturinohito.com/0513sl/

【著者紹介】

小野　領一（おの　りょういち）

1984年，奈良県に生まれ，近畿大学を卒業後，大阪教育大学第二部へ進学。現在は薬師寺と興福寺が見える歴史豊かな地域にある奈良市立小学校で勤務。授業だけでなく，子どもたちとの信頼関係や人間関係の構築が学級づくりにおいて非常に重要だと痛感し，2017年から２年間現職教員として奈良教育大学教職大学院に進学，学級づくりに関する研究を深めた。現在も「困難な学級での学級づくり」や「力量ある教員の指導法」，「新時代における学級づくり」をテーマに，現場での実践と研究を重ねている。特技はコーラゼロの一気飲み。休日に妻とやんちゃな息子２人と，その場の雰囲気であちこち遊びに行くのが楽しみ。著書に『Neo classroom 学級づくりの新時代』（東洋館出版社），『学級崩壊崖っぷちでも乗り切れる！頑張らないクラスづくりのコツ』（明治図書）などがあり，共著も他多数。

〔本文イラスト〕木村美穂

いい学級の条件

しっかり学べるクラスの常識

2025年２月初版第１刷刊 ©著　者　小　野　領　一

発行者　藤　原　光　政

発行所　明治図書出版株式会社

http://www.meijitosho.co.jp

（企画）佐藤智恵（校正）武藤亜子

〒114-0023　東京都北区滝野川7-46-1

振替00160-5-151318　電話03(5907)6703

ご注文窓口　電話03(5907)6668

＊検印省略　組版所　株 式 会 社 木 元 省 美 堂

Printed in Japan　ISBN978-4-18-176543-9